Simone Lück-Hildebrandt

Französisch

POCKET TEACHER ABI

Cornelsen
SCRIPTOR

Die Autorin
Simone Lück-Hildebrandt unterrichtet Französisch an einem Gymnasium in Berlin. Sie ist außerdem in der Lehrerfortbildung für das Fach Französisch tätig.

Bibliografische Information der Deutschen Nationalbibliothek

Die Deutsche Nationalbibliothek verzeichnet diese Publikation in der Deutschen Nationalbibliografie; detaillierte bibliografische Daten sind im Internet über http://dnb.d-nb.de abrufbar.

2., aktualisierte Auflage

D C B A
Bibliographisches Institut GmbH
Dudenstraße 6, 68167 Mannheim

Projektleitung: Heike Krüger-Beer
Redaktion: DAS LEKTORAT Monika Kopyczinski
Reihengestaltung: Magdalene Krumbeck, Wuppertal
Layout und Satz: Dagmar & Torsten Lemme, Berlin
Illustrationen: Rainer J. Fischer, Berlin
Umschlaggestaltung: glas AG, Seeheim-Jugenheim
Druck und Bindung: fgb – freiburger graphische betriebe GmbH & Co. KG
Bebelstraße 11, 79108 Freiburg i. Br.
Printed in Germany

ISBN 978-3-411-81000-0

Inhalt

Vorwort

Liebe Leserin, lieber Leser!

Mit dem Erwerb des POCKET TEACHER ABI Französisch haben Sie sich entschieden, die Erweiterung, Vertiefung oder Erneuerung Ihrer Französischkenntnisse selbst in die Hand zu nehmen. Der POCKET TEACHER ABI Französisch eignet sich als Wegbegleiter zum Abitur. Er hilft Ihnen nicht nur beim Schluss-Spurt vor dem Abitur, sondern ebenso gut bei Hausaufgaben und Referaten, bei der Vorbereitung von Klausuren und Tests. Selbst wer schon fit ist, kann hier mit Gewinn noch mal ein Kapitel querlesen und sein Wissen auffrischen. Die Rubriken „Observer – Découvrez – Retenez“ erleichtern es Ihnen, sich wichtige Aspekte so anzueignen, dass sie im Ernstfall auch ohne Buch abrufbar sind.
Die grammatisch ausgerichteten Kapitel 1–4 behandeln Aspekte, die für alle Fortgeschrittenen von Bedeutung sind. Sie ersetzen keine ausführliche Grammatik, sondern dienen vielmehr zur gezielten Hilfestellung bei den typischen Problemfällen in der Oberstufe.
Ergänzend dazu liefert Ihnen das Kapitel 5 Strategien und Basisvokabular, mit denen Sie schnell ein fortgeschrittenes Niveau in den vier Fertigkeiten Lesen, Schreiben, Hören und Sprechen erreichen können.
Zum Nachschlagen von Begriffen dient das Stichwortverzeichnis am Ende des Bandes. Farbige Pfeile (↗) im Text verweisen auf andere Stellen im Buch, an denen Sie weiterführende Informationen finden.

Bon courage et bonne chance !

1 Wortarten
Les mots lexicaux

1.1 Begleiter und Pronomen
Les déterminants et les pronoms

Possessivbegleiter und Possessivpronomen

> *La maison des Bonnet se trouve à la mer.*
>
> ***Leur** maison est la dernière, située près des dunes.*

Anhand dieser beiden Sätze lässt sich gut aufzeigen, wie eine häufig anzutreffende Fehlerquelle entsteht: Der Possessivbegleiter ***leur*** wird umgangen und stattdessen die Verbindung *de* + *Pronomen* (entsprechend dem Deutschen: *das Haus von ihnen*) gewählt. Dies ist aber im Französischen nicht möglich!

ATTENTION Aus der richtigen Angabe des Besitzverhältnisses wird schnell ein fehlerhafter Ausdruck, wenn bei einer Wiederholung der/die Besitzer durch ein Pronomen ersetzt wird/werden.

Kürzer und vor allem korrekt ist die Verwendung der Possessivbegleiter. Es lohnt sich also, diese zu wiederholen.

	/ (bei Vokal am Wortanfang)	
ein Besitzer/ein Gegenstand	*mon* *ton* *son* } *chat/amie*	*ma* *ta* *sa* } *maison*
ein Besitzer/ mehrere Gegenstände	*mes* *tes* *ses* } *chats/maisons*	
mehrere Besitzer/ein Gegenstand	*notre* *votre* *leur* } *chat/maison*	
mehrere Besitzer/mehrere Gegenstände	*nos* *vos* *leurs* } *chats/maisons*	

Neben dem Possessivbegleiter wird das Possessivpronomen in der gesprochenen und geschriebenen Sprache benutzt, um Wiederholungen im Text zu vermeiden und ihn somit flüssiger zu gestalten.

OBSERVEZ

1

– *Après avoir cherché* ***son parapluie*** *partout, il l'avait enfin retrouvé dans la salle de bains.*
– *Et ce n'était pas le parapluie de sa femme?*
– *Non, c'était* ***le sien****.*

2

– *Et puis, il n'a pas trouvé* ***sa casquette*** *pour jouer au golf. Donc, finalement son fils lui a prêté* ***la sienne****.*

3

– *Pour finir, il a cherché les clés de la voiture, pas moyen de les trouver. En plus, sa femme n'était pas à la maison pour lui donner* ***ses clés****.*
– *Les clés de sa femme?*
– *Oui,* ***les siennes****.*

DECOUVREZ

Possessivbegleiter	Possessivpronomen
son parapluie *sa casquette* *ses clés (f)* *ses gants (m)*	*le sien* *la sienne* *les siennes* *les siens*
Der Possessivbegleiter begleitet – wie der Name sagt – das Nomen und bezieht sich im Französischen zum einen auf den Besitzer, zum anderen in Anzahl und Geschlecht auf das Nomen bei dem er steht.	Das Possessivpronomen ersetzt die Einheit *Possessivbegleiter und Nomen* durch ein einziges Pronomen, das in Anzahl und Geschlecht mit der vorangegangenen Einheit identisch ist. Das Possessivpronomen kann nie alleine auftreten, sondern muss sich immer auf etwas Vorangehendes beziehen.

RETENEZ

Singular		Plural	
♂	♀	♂	♀
le mien *le tien* *le sien*	*la mienne* *la tienne* *la sienne*	*les miens* *les tiens* *les siens*	*les miennes* *les tiennes* *les siennes*
le nôtre *le vôtre* *le leur*	*la nôtre* *la vôtre* *la leur*	*les nôtres* *les vôtres* *les leurs*	

DECOUVREZ

1 *Je donne des légumes à mon chien.*
J'en donne aussi ***au mien****.*

2 *Tiens, une lettre de mes parents!*
Moi, je suis sans nouvelles ***des miens****.*

RETENEZ Nach den Präpositionen *à* und *de* wird der bestimmte Artikel mit diesen zusammengezogen.

Demonstrativbegleiter und Demonstrativpronomen

Die Demonstrativbegleiter bereiten in der Regel keine Probleme – bis auf einen Fehlerschwerpunkt:

ATTENTION Im Plural gibt es für beide Geschlechter nur eine Form:

	Singular	Plural
♂	***Ce*** *crime est abominable.*	***Ces*** *crimes sont abominables.*
♀	***Cette*** *rencontre est décisive.*	***Ces*** *rencontres sont décisives.*

Das Demonstrativpronomen wird in der gesprochenen und geschriebenen Sprache benutzt, um Wiederholungen zu vermeiden und um Sachverhalte zu präzisieren. Es steht jedoch nie ganz alleine, sondern ist immer begleitet: entweder durch eine mehr oder weniger ausführliche Ergänzung oder durch *-ci* oder *-là*. Insgesamt kann der Text auf diese Weise flüssiger gestaltet werden.

OBSERVEZ

Elle était devant l'étalage de son magasin préféré. Que de belles choses ! Les robes, les manteaux, les sacs à main, les jupes, les chaussures, les gants … Elle avait une petite somme à dépenser, mais que choisir ? La petite robe rouge ou plutôt ***celle*** *bleu-marine ? Le sac avec la chaîne en or ? Ah, non, elle préférait* ***celui*** *qui était à côté, il était moins voyant. Et ces gants en cuir bleu … un peu fantaisiste ! Il valait mieux prendre* ***ceux*** *qui se trouvaient devant les sacs, ils étaient plus solides. Et les chaussures, elle en raffolait. Surtout* ***celles*** *avec un talon assez haut, elles iraient très bien avec sa nouvelle petite jupe,* ***celle*** *que sa mère lui avait achetée.*
Céline est bien restée une demie heure devant cet étalage. Comme elle ne savait pas se décider, elle est rentrée à la maison.

DECOUVREZ

Demonstrativbegleiter	Demonstrativpronomen
ce sac à la mode ou … *cet étalage-là ou …* *cette robe rouge ou …* *ces gants en cuir bleu ou …* *ces chaussures sportives ou …*	*celui à côté?* *celui-ci?* *celle bleu-marine?* *ceux qui se trouvent devant les sacs?* *celles avec un talon assez haut*
Der Demonstrativbegleiter begleitet – wie der Name sagt – das Nomen, hebt es aus einer Vielzahl von anderen heraus und bezieht sich in Anzahl und Geschlecht auf das Nomen, bei dem er steht.	Das Demonstrativpronomen ersetzt die Einheit *Demonstrativbegleiter und Nomen* durch ein einziges Pronomen, das in Anzahl und Geschlecht mit der vorangegangenen Einheit identisch ist. Dem Demonstrativpronomen folgt jedoch immer eine Präzisierung durch einen Relativsatz, eine Präposition oder eine sonstige Ergänzung.

RETENEZ

Demonstrativbegleiter			Demonstrativpronomen		

Sg.	*ce sac* *cet étalage*	*cette robe*	Sg.	*celui-ci*	*celle-ci*
Pl.	*ces gants*	*ces chaussures*	Pl.	*ceux-là*	*celles-là*

Indefinite Begleiter und Pronomen

Auch in diesem Abschnitt geht es um die präzise Unterscheidung zwischen Begleiter und Pronomen. Dies ist nicht ganz einfach, da sich beide Wortarten formal sehr ähnlich sind.

OBSERVEZ

1	*Pendant **tout le** film, mes voisins n'ont pas arrêté de chuchoter.*	Begleiter
	***Tous les** spectateurs se sentaient perturbés. **Tous** ont réagi à un moment ou à **un autre**. Mais j'ai quand même **tout** compris.*	Pronomen
2	*J'ai voulu regarder **le même** film que toi, mais finalement je suis allé/e voir*	Begleiter
	***l'autre**. **Les autres** m'ont dit qu'il était aussi intéressant. Mais bon, je*	Pronomen
	*regarde **n'importe quoi** à condition*	Pronomen
	*qu'il y ait **une certaine** tension. Ça*	Begleiter
	*revient toujours **au même**.*	Pronomen
3	*D'accord. **A chacun** ses goûts.*	Pronomen

DECOUVREZ

	Indefinite Begleiter		Indefinite Pronomen		
			variabel		invariabel/ neutral
Sg.	***tout** le film*	***toute** la place*			***tout***
	*le **même** film*	*la **même** place*	*le **même***	*la **même***	
	*l'un **autre** film*	*l'une **autre** place*	*l'un **autre***	*l'une **autre***	***autrui/ autre chose***
	*un **certain** film*	*une **certaine** place*			

Sg.	***n'importe quel** film*	***n'importe quelle** place*	***n'importe lequel***	***n'importe laquelle***	***n'importe qui/ n'importe quoi***
	***chaque** film*	***chaque** place*	***chacun***	***chacune***	
Pl.	***tous** les films*	***toutes** les places*	***tous***	***toutes***	
	*les **mêmes** films*	*les **mêmes** places*	*les **mêmes***	*les **mêmes***	
	*les **autres** films*	*les **autres** places*	*les/ d'**autres***	*les/ d'**autres***	
	***certains** films*	***certaines** places*			
	***n'importe quels** films*	***n'importe quelles** places*	***n'importe lesquels***	***n'importe lesquelles***	

RETENEZ

1 Als ganz regelmäßig können *même, autre* und *n'importe quel* betrachtet werden: Sie tauchen als Begleiter, als Pronomen und zum Teil als invariables bzw. neutrales Pronomen auf.

2 *Certain* existiert nur als Begleiter.

3 Der Begleiter *chaque* verwandelt sich als Pronomen in *chacun/chacune* und existiert nur in der Singularform.

4 Der Begleiter bzw. das Pronomen *tout* wird häufig gebraucht und ist daher „fehleranfällig".

Es existiert als Pronomen im **Singular** nur in invariabler Form (obwohl es alles umfasst, wird nichts verändert):

Tout est perdu. J'ai tout compris.

Im **Plural** kann es als Pronomen die Form angleichen, muss es aber nicht:

- *Tous ont compris.*
  = *alle* im Sinne von *tout le monde*, d. h. es umfasst Maskulinum und Femininum.

- *Toutes portaient le foulard, sauf une, elle ne voulait pas se soumettre à la tradition.*
  = *alle* bezieht sich hier aus dem Kontext heraus nur auf die Frauen.

5 Um eine gewisse Beliebigkeit auszudrücken, ist der Begleiter *n'importe quel* bzw. das Pronomen *n'importe lequel* ein nützliches Ausdrucksmittel. Es ist vor allem in der mündlichen Kommunikation geläufig.

LERNTIPP Für den **Gebrauch** sollte man sich folgende Formel merken:
Das indefinite Pronomen darf nur dann benutzt werden, wenn es ein Nomen bzw. eine Nominalkonstruktion gibt, auf das es sich beziehen kann. Andernfalls wird ein Text unverständlich, weil der Bezug fehlt bzw. unklar ist.

Objektpronomen

Objektpronomen im Überblick

Obwohl die Objektpronomen schon zu einem relativ frühen Zeitpunkt vermittelt werden, bereitet der korrekte Gebrauch bis in die Oberstufe hinein Schwierigkeiten. Gerade durch die Benutzung der Objektpronomen kann ein Text aber sehr flüssig gestaltet, umständliche Wiederholungen können vermieden werden. Die unten aufgeführte Tabelle zeigt Ihnen, dass gar nicht so viel zu lernen ist. Vor Beginn der Klausur kann man sie einfach schnell aufzeichnen, um sich beim Schreiben selbst zu kontrollieren.

OBSERVEZ

– *Tu viens **me** voir samedi prochain?*
– *Oui, bien sûr. Et je **t'**apporte aussi ton sac à dos. Où est-ce qu'il est, au fait?*

- *Tu **le** trouves dans l'armoire, tout en bas. La lettre que j'ai écrite à la dernière minute, tu **la** donnes à ma mère et tu **lui** dis un grand bonjour de ma part. Quand tu arrives, je vais **nous** faire un bon petit plat.*
- *Les propriétaires de notre studio, tu **les** as vus?*
- *Oui, on doit **leur** donner l'argent pour ces quinze jours de vacances à la fin de notre séjour.*

DECOUVREZ

<table>
<tr><th>Indirektes Objektpronomen</th><th>Direktes Objektpronomen</th></tr>
<tr><td colspan="2">me (m')
te (t')</td></tr>
<tr><td>lui</td><td>le
la
l'</td></tr>
<tr><td colspan="2">nous
vous</td></tr>
<tr><td>leur</td><td>les</td></tr>
</table>

RETENEZ

- Die Objektpronomen stehen
  - entweder vor dem konjugierten Verb
  - oder im Falle von Modalkonstruktionen vor dem Infinitiv.
    *Je peux **le** caresser.*
- Die Objektpronomen ersetzen
  - ein indirektes Objekt > eingeleitet mit der Präposition à:
    *Tu dis un bonjour **à ma mère**. = Tu **lui** dis un bonjour.*
  - ein direktes Objekt > ohne Präposition:
    *Tu as vu **les propriétaires**? = Tu **les** as vus?*

LERNTIPP Es ist wichtig, für die geläufigsten Verben die richtige Ergänzung zu kennen bzw. bei Klausuren dies öfter zu überprüfen und sich nicht auf das Gefühl zu verlassen!

Zwei Objektpronomen in einem Satz

Zwei Objektpronomen in einem Satz findet man häufiger in der gesprochenen Sprache bzw. der direkten Rede, um die Satzkonstruktionen zu verkürzen und lebendiger zu gestalten. Auch hier stehen beide Objektpronomen vor dem konjugierten Verb bzw. dem Infinitiv bei Modalkonstruktionen. Für die Reihenfolge der beiden Objektpronomen verfahren Sie entsprechend der Tabelle.

OBSERVEZ

- *Tu penses aussi à donner les fleurs à la voisine?*
- *Bien sûr, je* ***les lui*** *donnerai le soir avant de partir. As-tu déjà écrit des cartes postales à nos amis?*
- *Non, je n'ai pas encore eu le temps de* ***les leur*** *écrire. En plus, je n'ai pas mon beau stylo pour écrire des cartes.*
- *Je vais* ***te le*** *rapporter aussi.*
- *Et mon chapeau de paille! Tu* ***me l'****apportes aussi, s'il te plaît. Ainsi je peux me protéger contre le soleil.*

DECOUVREZ ET RETENEZ

1. und 2. Person Singular und Plural = indirektes Objektpronomen < direktes Objektpronomen		3. Person Singular und Plural = direktes Objektpronomen > indirektes Objektpronomen	
me	*le* *la* *les*	*le* *la* *les*	*lui*
te	*le* *la* *les*	*le* *la* *les*	*leur*
nous	*le* *la* *les*		
vous	*le* *la* *les*		

LERNTIPP Konzentrieren Sie sich auf Sätze mit einem Objektpronomen. Erst wenn Sie diese sicher und korrekt beherrschen, gehen Sie an die Formulierung von Sätzen mit zwei Objektpronomen.

Objektpronomen im Imperativsatz

Objektpronomen im Imperativsatz sind vor allem ein Kennzeichen der gesprochenen Sprache. Im Hinblick auf das Abitur spielen sie oft eine Rolle beim Verfassen von Dialogen.

OBSERVEZ

- *__Donne-moi__ mes lunettes, petit Chaperon rouge et __mets-les__ sur ce petit tabouret ! Et __sers-toi__ des galettes que ta mère a préparées.*
- *Mais, grand-mère, avec tes grands yeux tu n'as pas besoin de lunettes.*
- *Si, si mon enfant. Et tu vois le livre là-bas ? __Apporte-le__ aussi ! Je vais te lire l'histoire du grand méchant loup et d'une petite fille qui portait une capuche toute rouge.*
- *Non, non, grand-mère, __ne me la raconte pas, raconte-moi__ une autre histoire ! J'aurai bien trop peur quand je rentrerai tout à l'heure.*
- *Mais non, il ne faut pas avoir peur de cette histoire, __ne la prends pas__ au sérieux ! Voici grand-père qui rentre.*
- *Mon Dieu, grand-mère, que les bras de grand-père sont longs et forts.*
- *Mais oui, ma petite, c'est pour te protéger. Hein, grand-père ? __Accompagne-la__ pour qu'elle rentre chez ses parents saine et sauve ! Et __amène-leur__ le bois que tu as coupé l'autre jour ! Ainsi ils auront chaud tout l'hiver.*

DECOUVREZ ET RETENEZ

Indirektes Objektpronomen	Direktes Objektpronomen
*Donne-**moi** les lunettes!* **Aber:** *Ne me la raconte pas!*	*Regarde-**moi**!* *Sers-**toi**!* *Ne me regarde pas!* *Ne te sers pas!*
Donne-lui le beurre!	*Aide-le!* *Accompagne-la!*
*Donne-**nous** le fromage!*	*Regarde-**nous**!* *Servez-**vous**!*
Amène-leur le bois!	*Mets-les sur le tabouret!*

- Die erste und zweite Person Singular und Plural sind wieder identisch, allerdings mit der Ausnahme, dass in der positiven Form das betonte Personalpronomen benutzt wird.
- Für die 3. Person Singular und Plural sind Imperativ und Indikativ gleich.
- Setzen Sie bei allen Formen des Imperativs den Bindestrich – *allerdings nicht bei der Form der Verneinung!*

Die Adverbialpronomen *en* und *y*

OBSERVEZ

– *On n'a plus entendu parler **de cette affaire-là**.*
– *Mais si! On **en** parle encore. Mais on ne parle plus **de ce ministre**. Il a dû démissionner.*
– *Ça faisait des mois qu'on n'arrêtait pas de parler **de lui**.*
– *Et puis il est allé s'installer **en Argentine**.*
– *Il **y** est toujours?*
– *Oui, maintenant, il est **chez lui**, là-bas. Il **y** a emmené sa famille, **y** a fait construire une maison. Bref, il s'**y** est fait une nouvelle vie.*

DECOUVREZ

Es geht um eine Sache:		Es geht um eine Person:	
On parle ***de cette affaire****.* *Il est venu* ***de France****.*	*Il s'installe* ***en Argentine****.*	*On parle* ***de ce ministre****.*	*Il a sa famille et sa maison* ***en Argentine****.*
On ***en*** *parle encore.* *Il* ***en*** *est venu.*	*Il* ***y*** *est toujours.*	*On ne parle plus* ***de lui****.*	*Il est chez* ***lui****.*

1

RETENEZ

Es geht um eine Sache:		Es geht um eine Person:	
Ein indirektes Objekt bzw. eine Ortsbestimmung mit ***de*** wird durch ***en*** ersetzt.	Eine Ortsbestimmung mit der Präposition ***en***, ***à***, ***dans*** wird durch ***y*** ersetzt.	Ein *indirektes Objekt mit de* wird durch das *betonte Personalpronomen* ersetzt.	Eine *Ortsbestimmung* wird durch die Präposition *chez* und das *betonte Personalpronomen* ersetzt.

1.2 Die Relativpronomen
Les pronoms relatifs

Überblick über die einfachen Relativpronomen

Das Relativpronomen hat die Aufgabe, zwei Sätze miteinander zu verbinden und – je nach Funktion – das Subjekt, Objekt, die Orts- bzw. Zeitangabe des Hauptsatzes zu ersetzen. Diese grundlegenden Funktionen sollte man auf jeden Fall sicher beherrschen, um etwas komplexere Texte formulieren und Bezüge herstellen zu können.

OBSERVEZ	DECOUVREZ	RETENEZ	
	Funktion im Relativsatz	**Form des Relativ-pronomen**	**ATTENTION!**
C'est bien le TGV et le ICE ***qui*** *relient maintenant Paris et Francfort.*	Subjekt	***qui***	*Qui* wird benutzt, wenn noch kein Subjekt im Relativsatz enthalten ist.
La pièce de théâtre ***que*** *tu m'as conseillée est vraiment nulle.*	Objekt	***que***	*Que* darf nur benutzt werden, wenn schon ein Subjekt im Relativsatz enthalten ist.
Montre-moi le village ***où*** *van Gogh est enterré. C'était le jour de son anniversaire* ***où*** *il a perdu son argent.*	Ortsangabe Zeitangabe	***où***	In der Regel bleibt auch hier die Satzstellung *S-P-O* erhalten.

Das Relativpronomen *dont*

Die Aufgabe dieses Relativpronomens ist es, Ergänzungen mit *de* zu ersetzen, um somit umständliche Konstruktionen zu vermeiden.

OBSERVEZ	DECOUVREZ	RETENEZ	
	Funktion im Relativsatz	**Form des Relativpronomen**	**ATTENTION!**
*C'est bien ce livre. J'ai besoin **de ce livre**. C'est bien ce livre **dont** j'ai besoin.*	Verb-Ergänzung mit *de*	***dont***	Auf *dont* folgt die gewohnte Wortstellung des Aussagesatzes: *dont* + Subjekt + Prädikat + direktes Objekt
*C'est un beau résultat. Je suis fier **de ce résultat**. C'est un beau résultat **dont** je suis fier.*	Adjektiv-Ergänzung mit *de*		
*Tu devrais lire cet auteur. Tout le monde connaît les romans **de cet auteur**. Tu devrais lire cet auteur **dont** tout le monde connaît les romans.*	Substantiv-Ergänzung mit *de*		

Relativpronomen mit einer Präposition

OBSERVEZ

*Voilà <u>le maire</u> de la ville **chez qui** j'ai fait mon stage, **pour qui** j'ai rédigé pas mal de discours et **sans qui** je n'aurais jamais pu faire carrière. C'est un homme **à qui** on peut parler franchement et **de qui** j'ai beaucoup appris. Il est bien différent de <u>mon père</u>, **avec qui** j'ai eu beaucoup de conflits.*

DECOUVREZ

Präposition	Relativ-pronomen	Bezugswort	ATTENTION
chez *pour* *sans* *à* *de* *avec*	*qui*	*le maire/* *mon père*	= immer nur Personen!

RETENEZ

- Das Relativpronomen ***qui*** kann mit fast allen Präpositionen kombiniert werden, vorausgesetzt, dass es sich auf **eine Person** bezieht.
- Statt ***de qui*** kann auch ***dont*** benutzt werden:
  C'est un homme dont j'ai beaucoup appris.

Das Relativpronomen *lequel*

OBSERVEZ

*Voilà une ville **à laquelle** je me sens très attachée. Elle a été fondée à une époque où les voies fluviales constituaient le principal moyen de transport. Il y avait toutes sortes de bateaux **sur lesquels** on transportait des marchandises venant de tous les coins du monde. Le commerce **à travers lequel** s'est développée la richesse de la ville a contribué à former l'esprit ouvert des habitants de Venise **grâce auxquels** la ville a toujours gardé son caractère métropolitain. En été, les touristes, **parmi lesquels** les Américains sont en plus grand nombre, submergent littéralement la ville. Mais c'est en hiver que l'on ressent le mieux l'ambiance spécifique de Venise **sans laquelle** la ville ne serait pas ce qu'elle est.*

DECOUVREZ

Grundform	*de + lequel*	*à + lequel*	alle Präpositionen + *lequel*	*entre* / *parmi* + *lequel*
lequel	*duquel*	*auquel*	*sur, sous, dans, pendant, avec, sans …*	Nach diesen Präpositionen ist *lequel* obligatorisch, auch wenn das Bezugswort eine Person ist.
laquelle	*de laquelle*	*à laquelle*		
lesquels	*desquels*	*auxquels*		
lesquelles	*desquelles*	*auxquelles*		

RETENEZ

- *Lequel* kann im Prinzip immer benutzt werden, ganz egal, ob das Bezugwort eine Person oder eine Sache ist; allerdings gilt es in der Regel als schwerfällig, deshalb versucht man es bei Personen zu vermeiden.
- Sollte jedoch das Verständnis eines Satzes unklar sein, kann mit *lequel* Klarheit geschaffen werden:
  - *Il est passé, accompagné de deux hommes et de deux femmes qui venaient d'Asie.*
    = *Qui* kann sich auf *femmes* oder *hommes* beziehen.
  - *… de deux hommes et de deux femmes, lesquelles venaient sans doute d'Asie.*
    = *Lesquelles* gibt eine genauere Auskunft über das Bezugswort.

Die Tabelle auf der nächsten Seite verschafft Ihnen einen Überblick darüber, wann welches dieser Relativpronomen verwendet wird.

Wann benutzt man *dont, de qui* und *duquel/de laquelle*?

OBSERVEZ	DECOUVREZ	RETENEZ
Voilà leur fils aîné … *… **de qui** ils sont fiers.* *… **dont** ils sont fiers.* *… **duquel** ils sont fiers.*	*de qui* *dont* *duquel*	Alle drei Relativpronomen sind einsetzbar, denn das Bezugswort ist eine Person.
*L'affaire **dont** je parle est complexe.* *… **de laquelle** je parle est …*	*dont* *de laquelle*	Nur *dont* und *de laquelle* ist einsetzbar (*de qui* = unmöglich), da das Bezugswort ein Sachsubstantiv ist.
*L'homme, **à côté duquel** il a pris place, est son père.* *Le monument, **à côté duquel** il se tient, est très important.* *Le théâtre, **à côté duquel** se trouve un bar, s'appelle le Lucernaire*	*duquel*	Nach Präpositionen, die mit *de* zusammengesetzt sind, ist nur *duquel/de laquelle* etc. möglich, das Bezugswort spielt hier keine Rolle. Weitere Präpositionen: *loin de* *près de* *à côté de* *à droite de* *à gauche de* *au-dessus de* *au-dessous de* *avec l'aide de* *sans l'aide de* *en face de* *au milieu de*

Die beziehungslosen Relativpronomen

In Relativsätzen, die kein nominales Bezugswort haben, wird das Pronomen durch den Demonstrativbegleiter *ce* ergänzt; *ce* fasst den vorangehenden oder nachfolgenden Hauptsatz zusammen und dient damit als Bezugselement.

ce qui/ce que

OBSERVEZ	DECOUVREZ	RETENEZ	ATTENTION!
*Je sais ce **qui** te fera plaisir.*	*ce **qui*** = was	Subjekt im Relativsatz	} Fehlerquelle
*Je ne sais pas ce **que** tu as fait hier.*	*ce **que*** = was	Objekt im Relativsatz	

Beim Formulieren bzw. Verfassen von Sätzen dieser Art tauchen zwei Probleme auf:

a *Was* wird als Fragewort identifiziert.

b Der Unterschied zwischen Subjekt- und Objektfunktion im Relativsatz wird nicht erkannt.

LERNTIPP Da gerade bei Texten zur Analyse oder in Kommentaren häufig diese Konstruktionen benutzt werden, muss man daran arbeiten, die aufgezeigten Probleme zu vermeiden. Vielleicht helfen ganz einfach zwei Kontrollfragen, die man sich vor der Konstruktion stellt. Man könnte sie auch zu Beginn der Klausur zur Erinnerung auf das Konzeptpapier schreiben. Nach und nach automatisiert sich schließlich der Gebrauch, sodass auch in der mündlichen Kommunikation die richtigen Relativpronomen benutzt werden:

1. Leitet ***was*** wirklich einen Fragesatz ein?
2. Gibt es im Relativsatz bereits **ein Subjekt**?
   Wenn nicht, dann benutzt man *ce qui*
   Wenn ja, dann benutzt man *ce que*

Alle wissen, **was** ihm gefällt.	Kein Fragesatz! **Kein Subjekt** im Relativsatz!	= *ce qui*	*Tout le monde sait **ce qui** lui plaît.*
Alle wissen, **was** sie liebt.	Kein Fragesatz! **Ein Subjekt** im Relativsatz!	= *ce que*	*Tout le monde sait **ce qu'**elle aime.*

Was gesagt wurde, war ein Geheimnis.	Kein Fragesatz! **Kein Subjekt** im Relativsatz!	*= ce qui*	***Ce qui** a été dit, était un secret.*
Was sie sagte, war ein Geheimnis.	Kein Fragesatz! **Ein Subjekt** im Relativsatz!	*= ce que*	***Ce qu'**elle a dit, était un secret.*

ce dont

Obwohl weniger häufig, ist das beziehungslose Relativpronomen *ce dont* ganz nützlich, um bestimmte Sachverhalte hervorzuheben.

OBSERVEZ	DECOUVREZ	RETENEZ
*C'est bien **ce dont** il a parlé.*	*ce dont* (worüber, wovon)	Bei Verben mit der Ergänzung *de (parler de, rêver de, avoir besoin de …)*
*Il devra nous montrer **ce dont** il est capable.*	*ce dont* (wozu, worüber)	Bei Adjektiven mit der Ergänzung *de (être capable de, être fier de, être content de …)*

Auch hier gilt wieder, dass die Pronomen *worüber, wovon, wozu* keinen Frage- sondern einen **Relativsatz** einleiten; die Satzstellung ist diejenige des Aussagesatzes: Subjekt + Prädikat.

1.3 Die Verben

Les verbes

Die wichtigsten Konjugationsgruppen

Obwohl Sie sicher schon viele Verben gelernt haben, ist es sinnvoll, sich noch einmal die wichtigsten Verbgruppen anhand ihrer Endungen zu vergegenwärtigen.

Regelmäßige und unregelmäßige Verben: Entsprechend der Endungen des Infinitivs lassen sich die Verben in vier Gruppen einteilen:

Verben mit der Infinitivendung	Erklärung	Beispielverben	ein Stamm	zwei Stämme	drei Stämme und mehr
-er	Diese Gruppe umfasst 90% aller Verben; ziemlich regelmäßig.	*arriver*	*j'arrive, nous arrivons*		
		chanter	*je chante, nous chantons*		
		préférer		*je préfère, nous préférons*	
		jeter		*je jette, nous jetons*	
	Ausnahme:	*aller*			*je vais, tu vas, nous allons, ils vont*

-ir	Diese Gruppe umfasst etwa 300 Verben; die meisten Verben sind regelmäßig.	*finir*		*je finis, nous finissons*	
		choisir		*je choisis, nous choisissons*	
		partir	*je pars, nous partons*		
		dormir	*je dors, nous dormons*		
		venir *tenir*			*je viens, nous venons, ils viennent*
	Ausnahmen:	*ouvrir* *découvrir* *etc.*	*j'ouvre, nous ouvrons* (wie Verben auf *-er*)		
-re	Dieser Gruppe gehören etwa 180 Verben an; die meisten Verben sind unregelmäßig.	*attendre*	*j'attends, nous attendons*		
		lire	*je lis, nous lisons*		
		prendre			*je prends, nous prenons, ils prennent*
		boire			*je bois, nous buvons, ils boivent*
-oir	Diese Gruppe umfasst nur wenige, aber häufig vorkommende, unregelmäßige Verben.	*devoir*, *vouloir*			*je dois, nous devons, ils doivent*
		recevoir *valoir*			*je reçois, nous recevons, ils reçoivent*

Die Ableitung der Zeiten

Diese Übersicht kann helfen, um das *imparfait*, das *futur simple/ conditionnel* und den *subjonctif* möglichst fehlerfrei zu bilden.

Ableitungs-basis		**abgeleitete Form**	
1. Pers. Pl.		*imparfait/ participe présent*	*-ais/ -ant*
	nous arrivons *nous finissons* *nous dormons* *nous attendons* *nous prenons* *nous buvons* *nous devons*		*j'arrivais arrivant* *je finissais finissant* *je dormais dormant* *j'attendais attendant* *je prenais prenant* *je buvais buvant* *je devais devant*
1. Pers. Sg.		*futur simple/ conditionnel*	*-rai/ -rais*
	j'arrive *je finis* *je prends* *je bois*		*j'arriverai/s* *je finirai/s* *je prendrai/s* *je boirai/s*
1. Pers. Pl.	*nous attendons*		*j'attendrai/s*
	nous dormons + i *nous devons*		*je dormirai/s* *je devrai/s*
3. Pers. Pl.		*subjonctif*	
	ils arrivent *ils finissent* *ils prennent*		*que j'arrive* *que je finisse* *que je prenne*

1

Die reflexiven Verben

Bei den reflexiven Verben liegt der Fehlerschwerpunkt im Bereich des *passé composé*.

OBSERVEZ

Elle s'est réveillée à 6 heures. Après un moment, elle s'est levée. Elle s'est lavée sous l'eau froide. Ensuite, elle s'est habillée. Elle s'est préparé un petit-déjeuner. Juste au moment où elle voulait s'en aller elle s'est rendu compte que c'était dimanche.

DECOUVREZ

se réveiller		*s'être réveillé*
se lever		*s'être levé*
se laver	***passé composé***	*s'être lavé*
s'habiller	***avec être***	*s'être habillé*
se préparer qc		*s'être préparé*
s'en aller		*s'en être allé*
se rendre compte		*s'être rendu compte*

RETENEZ

Jede Überlegung, ob ein Verb im *passé composé* mit *avoir* oder *être* konjugiert werden muss, entfällt für die reflexiven Verben: Sie werden grundsätzlich mit *être* konjugiert!

Allerdings muss man sich darüber klarwerden, mit welchem Objekt das reflexive Verb begleitet wird:

- **a** mit einem **direktem Objekt → Angleichung ist erforderlich!**
- **b** mit einem **indirekten Objekt → keine Angleichung!**

Infinitiv	**direktes Objekt/ indirektes Objekt**	**mit Angleichung/ ohne Angleichung**
se laver	*laver qn*	*Elle s'est lavée.* *Ils se sont lavés.* *Elles se sont lavées.*
se laver les mains	*laver qc à qn*	*Elle s'est lavé les mains.* *Ils se sont lavé les mains.* *Elles se sont lavé les mains.*
s'habiller	*habiller qn*	*Elle s'est habillée.* *Ils se sont habillés.* *Elles se sont habillées.*
se rendre compte	*rendre compte à qn*	*Elle s'est rendu compte.* *Ils se sont rendu compte.* *Elles se sont rendu compte.*

- Beim ***futur composé*** stehen die Reflexivpronomen vor dem Infinitiv:
  Je vais me laver les mains.
  Nous allons nous occuper du repas.
  Beim **Imperativ** muss unterschieden werden:
  - bejahender Imperativ = Reflexivpronomen nachgestellt:
    Lève-toi !
    Levons-nous !
    Levez-vous !
  - verneinender Imperativ = Reflexivpronomen vorangestellt:
    Ne te lève pas !
    Ne nous levons pas !
    Ne vous levez pas !

Die Verben und ihre Ergänzungen

Da es im Französischen in diesem Bereich viele verschiedene Möglichkeiten gibt, gilt es hier, Klarheit zu schaffen. Natürlich können bei weitem nicht alle Verben erfasst werden, die folgenden Abschnitte geben lediglich einen Überblick über die geläufigsten Verben. Für die schriftliche Kommunikation lohnt ein Blick in ein etwas besseres Wörterbuch, um Fehler zu vermeiden. Häufiges Nachschlagen hilft letztlich, sich die vielen Besonderheiten einzuprägen.

Man muss unterscheiden zwischen

- **a** intransitiven Verben, die gar keine Ergänzung haben,
- **b** Verben mit Infinitivergänzungen und
- **c** Verben, die ein direktes oder indirektes Objekt bei sich haben können.

Intransitive Verben

- Diese Gruppe von Verben umfasst viele Verben der Bewegung wie z. B.:
  - *venir, courir, sauter, nager* etc.

    aber auch:
  - *dormir, naître, mourir* etc.

Diese Verben stimmen im Französischen und im Deutschen weitgehend überein.

Verben mit Infinitivergänzungen

Infinitiv-ergänzung	Verben
ohne Präposition	alle Modalverben (*pouvoir, vouloir, devoir …* + Infinitiv) *aller faire qc, venir faire qc, aimer faire qc, préférer faire qc, détester faire qc, espérer faire qc, entendre faire qc*
mit ***à***	*arriver à faire qc, avoir à faire qc, commencer à faire qc, continuer à faire qc, penser à faire qc, tenir à faire qc*
reflexive Verben mit ***à***	*s'amuser à faire qc, s'attendre à faire qc, se décider à faire qc, s'habituer à faire qc, se mettre à faire qc, se préparer à faire qc*
mit direktem Objekt + ***à***	*aider qn à faire qc, encourager qn à faire qc, inviter qn à faire qc, obliger qn à faire qc*
mit indirektem Objekt + ***à***	*apprendre à qn à faire qc, montrer à qn à faire qc*
mit ***de***	*arrêter de faire qc, avoir besoin de faire qc, avoir envie de faire qc, avoir peur de faire qc, avoir le temps de faire qc, choisir de faire qc être content de faire qc, craindre de faire qc, être dangereux de faire qc, être en train de faire qc, être triste de faire qc, décider de faire qc, essayer de faire qc, finir de faire qc, proposer de faire qc, refuser de faire qc, rêver de faire qc, risquer de faire qc, oublier de faire qc, venir de faire qc*
reflexive Verben mit ***de***	*s'excuser de faire qc, s'efforcer de faire qc, se plaindre de faire qc, se reprocher de faire qc, se réjouir de faire qc*
mit direktem Objekt + ***de***	*accuser qn de faire qc, empêcher qn de faire qc, excuser qn de faire qc, féliciter qn de faire qc, menacer qn de faire qc, persuader qn de faire qc, prier qn de faire qc, remercier qn de faire qc*
mit indirektem Objekt + ***de***	*conseiller à qn de faire qc, demander à qn de faire qc, dire à qn de faire qc, interdire à qn de faire qc, permettre à qn de faire qc, proposer à qn de faire qc, refuser à qn de faire qc, reprocher à qn de faire qc*

1

Verben, die ein direktes oder indirektes Objekt bei sich haben können

Objekt	Verben
direktes Objekt (meistens: französische = deutsche Konstruktion)	*aimer qn/qc, chercher qn/qc, connaître qn/qc, fermer qc, obtenir qc, recevoir qc, ouvrir qc, craindre qn, espérer qc, rencontrer qn*
direktes Objekt *in Abweichung zum Deutschen*	*aider qn, attendre qc/qn, croire qn, écouter qn, féliciter qn, remercier qn, servir qn, suivre qn*
indirektes Objekt mit ***à***	*appartenir à qn, apprendre à qn, faire confiance à qn, inviter à qc, réfléchir à qc, répondre à qn, ressembler à qn, tenir à qn*
indirektes Objekt mit ***à*** *in Abweichung zum Deutschen*	*demander à qn, penser à qn/qc, s'adresser à qn, s'habituer à qn/qc*
indirektes Objekt mit ***de***	*avoir peur de qn/qc, douter de qn/qc, protéger de qn/qc, rire de qn/qc, tomber amoureux/se de qn*
indirektes Objekt mit ***de*** *in Abweichung zum Deutschen*	*avoir besoin de qn/qc, changer de qc, jouir de qc*
reflexive Verben + indirektes Objekt mit ***de***	*s'approcher de qn/qc, se composer de qc, s'éloigner de qn/qc, s'informer de qn/qc, se méfier de qn/qc, se moquer de qn/qc, s'occuper de qn/qc, se plaindre de qn/qc, se réjouir de qn/qc, se souvenir de qn/qc*

Die häufigsten Verben und ihre Ergänzungen

Hier noch einmal die wichtigsten Verben mit ihren jeweiligen Ergänzungen und Beispielsätzen in einer Übersicht zusammengefasst:

Verben	Übersetzung	Beispiele
aider qn (à faire qc)	jdm. helfen	*Véronique aide **sa mère** à faire la cuisine.*
aimer qn	jdn. lieben	*Je **l'**aime./Tu **m'**aimes?*
s'approcher de qn/de qc	sich etw./jdm. nähern	*L'enfant s'approche **de sa mère**. Elle s'est approchée **de la fenêtre**.*
attendre qn/qc	jdn./etw. erwarten, warten auf	*On attend encore **la fin**? Je **l'**ai attendu deux heures.*
changer de qc *changer*	etw. ändern sich verändern	*Elle a changé **de coiffure**. J'ai changé **d'avis**.* *Les temps **ont** bien **changé**.*
conseiller qn *conseiller à qn de faire qc*	jdn. beraten jdm. raten, etw. zu tun	*Je ne sais plus quoi faire. Qu'est-ce que tu **me** conseilles?* *Dans ce cas-là, je conseille **à mon amie de faire** d'abord une petite promenade.*
croire qn *croire qc* *croire en qn/qc*	jdm. glauben etw. glauben an jdn./etw. glauben	*Il ne croit plus **son père**.* *Elle croit **tout ce qu'**elle voit à la télé.* *Est-ce que tu crois **en Dieu**? Non, je crois **en le destin**.*
demander à qn (de faire qc)	jdn. fragen (etw. zu tun)	*Je vais **lui** demander de me rendre ma photo.*
douter de qc	an etw. zweifeln	*Elle doute **de ses capacités**.*
fuir qn/qc *fuir devant qn/qc*	jdn./etw. meiden vor jdn./etw. fliehen	*Garcin fuit **les deux femmes**.* *Il fuit systématiquement **devant ses responsabilités**.*
s'intéresser à qn/qc *être intéressé/e par qc*	sich für jdn./etw. interessieren an etw. interessiert sein	*Je m'intéresse **à la psychologie** des gens.* *Goethe était aussi intéressé **par la peinture**.*
manquer de qc *manquer à qn*	an etw. fehlen jdm. fehlen	*Cet homme manque **de discipline**.* *Il manque **à son ami**. Et son ami **lui** manque.*

1

Verben	Übersetzung	Beispiele
parler à qn *parler de qn/qc*	mit jdm. sprechen über jdn./etw. sprechen	*Meursault parle* ***à son patron****.* *Est-ce que tu* ***me*** *parles?* *Il parle* ***de ses problèmes****.*
se rappeler qc *rappeler qc à qn*	sich an etw. erinnern jdn. an etw. erinnern	*Tu te rappelles* ***les beaux couchers de soleil****?* *Ce paysage* ***me*** *rappelle* ***mon pays natal****.*
réfléchir à (sur) qn/qc	über etw. nachdenken	*J'ai réfléchi* ***à ce probleme****.*
remercier qn	jdm. danken	*Wang-Fô remercie* ***son disciple****.*
répondre à qn	jdm. antworten	*Il* ***leur*** *a répondu en une seule phrase.*
servir qn/qc *servir qc à qn*	jdm./etw. dienen jdm. etw. servieren	*Toute sa vie, il a servi* ***son maître****.* *Je* ***lui*** *ai servi* ***son plat préféré****.*
traiter de qc *traiter qc*	von etw. handeln behandeln	*Le poème traite* ***de l'amour****.* *Les médecins ont traité* ***toutes*** *les victimes.* *Dans ses romans, Camus traite* ***la question*** *de la liberté.*

1.4 Adjektive und Adverbien
Les adjectifs et les adverbes

Adjektive: Hinweise zur Formenbildung

Die Anwendung der richtigen Adjektive bereitet in schriftlichen Texten meist wenig Probleme, wenn Fehler auftauchen, dann im Bereich der besonderen Formen:

- Einige Adjektive enden in ihrer **Grundform** schon **auf** *-e*, die männlichen und weiblichen Formen sind dann gleich:
  un repas triste — *une journée triste*
  des repas tristes — *des journées tristes*
- Einige Adjektive enden in ihrer **Grundform auf** *-s*, so sind die männlichen Formen im Singular und Plural gleich:
  un boulevard gris — *une rue grise*
  des boulevards gris — *des rues grises*
- Einige Adjektive bleiben in allen Formen **unverändert**, z. B. *orange, marron, bon marché:*
  un sac orange — *une tente orange*
  des sacs orange — *des tentes orange*
- Es gibt die besonderen Adjektivformen mit jeweils **zwei Formen für das Maskulinum**, z. B.:
  beau, nouveau, vieux
  un vieux camion — *une vieille voiture*
  un vieil anorak — **(l vor einem Vokal)**
  des vieux camions — *des vieilles voitures*
  des vieux anoraks
- Es gibt eine ganze Reihe von Adjektiven, deren **maskuline und feminine Form** unterschiedlich ist, z. B.:
  blanc — *blanche*
  fou — *folle*
  heureux — *heureuse*
  gros — *grosse*

Endet die maskuline Singularform auf *-eux*, so endet die feminine Singularform auf *-euse*, endet die maskuline Form auf **-*s* oder -*x***, fügt man **im Plural kein -*s*** mehr an.

Die Stellung der Adjektive

- **Die Mehrzahl der Adjektive steht nach dem Nomen**, zum Beispiel alle Farbadjektive und vor allem mehrsilbige Adjektive:
  des paysages verts
  un garçon intelligent
- **Vor dem Nomen stehen häufig einsilbige Adjektive** wie:
  grand, petit, joli, bon, beau, nouveau, vieux
- **Eine Reihe von Adjektiven können je nach Stellung ihre Bedeutung ändern.** Hier die wichtigsten:

Voranstellung		Nachstellung	
Beispiel	**Bedeutung**	**Beispiel**	**Bedeutung**
chère Sophie	lieb	*une voiture chère*	teuer
un ancien collègue	ehemalig	*une locomotive ancienne*	alt
le dernier métro	letzte	*l'année dernière*	vorige
un méchant rhume	schlimm	*un chien méchant*	bösartig
un pauvre type	bedauernswert	*un pays pauvre*	arm
mon propre cahier	eigen	*une serviette propre*	sauber
une sale affaire	übel	*une chambre sale*	schmutzig
une seule fois	einzig	*une personne seule*	einsam
un vrai problème	regelrecht	*une histoire vraie*	wahr
différents pays	verschieden	*des pays différents*	unterschiedlich

LERNTIPP Es lohnt sich, diese Adjektive zu lernen. Ist man sich über den korrekten Gebrauch jedoch nicht ganz sicher, sollte gezielt das Wörterbuch zurate gezogen werden.

Adjektive und ihre Ergänzungen

Ähnlich wie die Verben können auch die Adjektive durch eine Infinitivkonstruktion oder durch eine Nominalgruppe erweitert werden. Diese Ergänzungen werden mit einer Präposition angeschlossen. Um stilistisch knapp und präzise formulieren zu können, ist es sinnvoll, die wichtigsten Konstruktionstypen zu kennen.

Beispiele mit der Präposition *de*

Adjektive mit *de*	nom. Ergänzung	Infinitiv-Ergänzung
amoureux/-euse	*de qn*	
âgé/e	*de … ans*	
capable	*de qc*	*de faire qc*
caractéristique	*de qn/qc*	
certain/e	*de qc*	*de faire qc*
content/e	*de qn/qc*	*de faire qc*
différent/e	*de qn/qc*	
étonné/e	*de qn/qc*	*de faire qc*
fier/fière	*de qn/qc*	*de faire qc*
heureux/-euse	*de qn/qc*	*de faire qc*
inquiet/ inquiète	*de qc*	*de faire qc*
long/longue	*de … m/km …*	
plein/e	*de qc*	
sûr/e	*de qn/qc*	*de faire qc*
typique	*de qn/qc*	

unpersönliche Ausdrücke mit *de*	nom. Ergänzung	Infinitiv-Ergänzung
Il est/C'est bête		*de faire qc*
Il est/C'est gentil		*de faire qc*
Il est/C'est méchant		*de faire qc*

Beispiele mit der Präposition *à*

Adjektive mit *à*	nom. Ergänzung	Infinitiv-Ergänzung
comparable	*à qn/qc*	
contraire	*à qc*	
essentiel/le	*à qc*	
étranger/-ère	*à qc*	
égal/e	*à qn/qc*	
fidèle	*à qn/qc*	
identique	*à qn/qc*	
indifférent/e	*à qn/qc*	
inférieur/e	*à qn/qc*	
supérieur/e	*à qn/qc*	
pareil/le	*à qc*	
prêt/e	*à qc*	*à faire qc*
sensible	*à qc*	

Beispiele mit anderen Präpositionen

Adjektive	nom. Ergänzung
bon/ne	*avec/envers/pour qn*
charmant/e	*avec qn*
cruel/le	*avec/envers qn*
faible	*avec qn*
gentil/le	*avec/pour qn*

Adjektive	nom. Ergänzung
méchant/e	*avec/envers qn*
(im)poli/e	*avec qn*
fort/e	*en qc*
célèbre	*pour qc*
fameux/-euse	*pour qc*
réputé/e	*pour qc*

Beispiele mit den Präpositionen *à* und *de*

Schließlich gibt es noch Adjektive, die sowohl von der Präposition *de* als auch von der Präposition *à* begleitet werden können:

*Il est difficile **de** rencontrer ce ministre.*
*Ce ministre est difficile **à** rencontrer.*
= *Il est difficile **à** rencontrer.*

Der erste Satz wird mit einem unpersönlichen Ausdruck eingeleitet, der zweite Satz mit einem ganz normalen Subjekt, das auch ein stellvertretendes Pronomen sein kann.

Folgende Adjektive können in dieser Weise benutzt werden:

agréable	*de*	*à*
amusant	*de*	*à*
beau	*de*	*à*
commode	*de*	*à*
dangereux	*de*	*à*
difficile ↔ facile	*de*	*à*
étonnant	*de*	*à*
gênant	*de*	*à*

important	*de*	*à*
impossible	*de*	*à*
intéressant	*de*	*à*
(in)utile	*de*	*à*
simple	*de*	*à*

Adverbien: ursprüngliche und abgeleitete

Bei den Adverbien ist zwischen den ursprünglichen und den abgeleiteten Adverbien zu unterscheiden:

- Ursprüngliche Adverbien sind:
  - Adverbien der Zeit: *alors, avant, hier* etc.
  - Adverbien des Ortes: *ici, là, ailleurs* etc.
  - Adverbien der Art und Weise: *bien, mal, ensemble* etc.
  - Adverbien der Menge/des Grades: *très, beaucoup* etc.

- Abgeleitete Adverbien drücken meistens die Art und Weise aus, in der etwas geschieht, und leiten sich von der weiblichen Form des Adjektivs ab:
  - **Regelmäßige Bildung:** *sérieuse > sérieusement*
  - **Ausnahme 1:** *vrai > vraiment*; bei der Adjektivendung *-ai*, *-i* und *-u* bleibt die maskuline Form die Grundlage.
  - **Ausnahme 2:** *différent > différemment*; Adjektive auf *-ent* und *-ant* bilden das Adverb mit *-emment* und *-amment*.
  - **Ausnahme 3:** *énorme > énormément*; bei *énorme, précise* und *profonde* wird aus dem *-e* ein *-é*.

Sowohl die ursprünglichen wie auch die abgeleiteten Adverbien sind unveränderlich!

Schwierigkeiten tauchen weniger bei der Formenbildung auf; Fehlerschwerpunkte ergeben sich vielmehr bei

a der Stellung im Satz
b der Unterscheidung zwischen Adjektiv und Adverb.

Die Stellung der Adverbien

Anders als im Englischen steht im Französischen das Adverb in den meisten Fällen **nach dem konjugierten Verb**, hier darf man also nicht von der einen in die andere Sprache übertragen.

OBSERVEZ	RETENEZ
Quand elle était petite, elle parlait ***trop vite****. Maintenant elle parle* ***lentement****.*	Sowohl das ursprüngliche als auch das abgeleitete Adverb stehen **nach dem konjugierten Verb**.
Elle aime ***souvent*** *regarder des films romantiques.* *Les parents ont* ***longuement*** *discuté avec Martine.*	Auch bei Infinitivkonstruktionen nach zusammengesetzten Zeiten steht das Adverb **nach dem konjugierten Verb**.
Elle est rentrée ***trop tard****.*	Ausnahme: *tard*, *tôt*, *avant*, *après*, *ensemble*, *vite* müssen bei zusammengesetzten Zeiten **hinter dem Partizip stehen**.
Même s'il a des problèmes de santé, il n'abandonne pas ***complètement*** *le sport.*	Im verneinten Satz folgt das Adverb **unmittelbar auf die Verneinungsklammer**.
Ici*, tout est possible.* *On va se rencontrer* ***là-bas****?*	Adverbien der Zeit und des Ortes stehen meist **am Anfang oder am Ende des Satzes**.
Heureusement*, il a arrêté de fumer.* ***Ainsi****, il a prolongé sa vie.*	Adverbien, die einen Satz näher bestimmen oder Sätze verknüpfen, stehen **am Anfang eines Satzes** und werden durch **ein Komma** abgetrennt.
Il a ***peut-être*** *raison.* ***Peut-être qu'****il a raison.*	**Ausnahme**: *peut-être* besser nach dem konjugierten Verb setzen; bei der Anfangsstellung muss *que* bzw. *qu'* gesetzt werden.

Die Unterscheidung zwischen Adjektiv und Adverb

Im Deutschen sind Adjektive und Adverbien nach ihrer äußeren Form nicht zu unterscheiden, deshalb ergibt sich hier eine schwer zu durchbrechende Fehlerquelle.

OBSERVEZ ET DECOUVREZ

Adjektiv	Adverb
1	
*Il aime les voitures **rapides**.*	*Il est allé **trop vite**.*
Er mag **schnelle** Autos.	Er ist **zu schnell** gefahren.
2	
*Pierre est **rapide**.*	*Pierre rentre **rapidement**.*
Pierre ist **schnell**.	Pierre geht **schnell** nach Hause.

RETENEZ

Sie können ganz leicht überprüfen, ob es sich um ein Adjektiv oder um ein Adverb handelt. Stellen Sie sich folgende Frage:

- **Wird hier ein Nomen näher bestimmt?**

Wenn ja, dann muss ein Adjektiv gesetzt werden. In allen anderen Fällen steht das Adverb in der jeweiligen Form.
Dieses Verfahren lässt sich für das Verfassen schriftlicher Texte problemlos anwenden. Für die mündliche Kommunikation muss diese „Überprüfung" mehr und mehr automatisiert werden.

Adverbial gebrauchte Adjektive

Manche Adjektive übernehmen die Rolle des Adverbs. Sie sind dann ebenfalls unveränderlich und stehen immer hinter dem Verb, wie zum Beispiel:
acheter français/anglais …
parler bas/fort/allemand …
chanter juste/faux
sentir bon/mauvais/fort
coûter/acheter/payer cher
gagner gros
marcher droit
aller tout droit
travailler dur

Adjektive, die kein Adverb bilden können

Nicht aus allen Adjektiven lässt sich ein Adverb auf *-ment* ableiten, dazu gehören

a Farbadjektive,

b Adjektive der Nationalität, der Religion, der politischen Zugehörigkeit,

c Adjektive, die körperliche und geistig-seelische Eigenschaften oder Zustände beschreiben wie z. B.: *capable, charmant, compétent, content, critique, fâché, inquiet, intéressant, intéressé, jeune ↔ vieux, court, moderne, neuf, possible, urgent.*

- Das fehlende Adverb muss
  - entweder **durch eine andere Konstruktion umschrieben** werden:
    Il est urgent *que vous veniez.*
  - oder **durch einen präpositionalen Ausdruck ersetzt** werden:
    Il a réagi ***de manière compétente.***
    Il fait son travail ***de manière intéressée.***

1.5 Die Nominalisierung
La nominalisation

Zu wissen, wie die Nominalisierung funktioniert, ist sowohl für das Textverstehen wie auch für das Verfassen von Texten sehr von Vorteil. Beim Lesen eines unbekannten Textes lässt sich von der Kenntnis eines Verbs oder Adjektivs auf ein Substantiv bzw. umgekehrt schließen, unverständliche Passagen können so erschlossen werden. Beim Verfassen von Texten kann die Nominalisierung helfen, z. B. ungeschickte Konstruktionen zu vermeiden oder den Text abwechslungsreicher zu gestalten.

OBSERVEZ	RETENEZ
*Philippe est trop **gentil**.* *[Cela lui cause souvent des problèmes.]* ***Cette gentillesse** lui cause souvent des problèmes.*	Nominalisierung auf der Grundlage von **Adjektiven**
*On **s'est promené** autour du lac.* *[Cela nous a fait du bien.]* ***Cette promenade** nous a fait du bien.*	Nominalisierung auf der Grundlage von **Verben**
*J'ai constaté **que ma mère était fatiguée**.* *J'ai constaté **une (certaine) fatigue** chez ma mère.*	Nominalisierung auf der Grundlage von **Ergänzungssätzen**

Nun ist es in diesem Rahmen kaum möglich, die Vielzahl der Nominalisierungen aufzuführen. Ausgehend von bestimmten Suffixen lassen sich jedoch gewisse Regelmäßigkeiten aufzeigen. Hat man einmal das Prinzip verstanden, kann man sich anhand des Wörterbuchs weiterhelfen.

Nominalisierung auf der Basis von Adjektiven

Suffixes	Adjectifs	Noms	
-ité	*aimable* *divers* *efficace*	*amabilité* *diversité* *efficacité*	
-té	*beau* *clair* *fier*	*beauté* *clarté* *fierté*	
-ce	*abondant* *cohérent* *violent*	*abondance* *cohérence* *violence*	
-esse	*gentil* *poli* *sage*	*gentillesse* *politesse* *sagesse*	
-ie	*fou* *jaloux* *sympathique*	*folie* *jalousie* *sympathie*	
-ise	*bête* *franc* *gourmand*	*bêtise* *franchise* *gourmandise*	
-itude	*certain* *las* *seul*	*certitude* *lassitude* *solitude*	
-eur	*blanc* *doux* *lent*	*blancheur* *douceur* *lenteur*	
-isme/ *-iste*	*national* *réel* *social*	*nationalisme/* *nationaliste* *réalisme/réaliste* *socialisme/socialiste*	
absence de suffixe	*calme* *courageux* *désespéré*	*calme* *courage* *désespoir*	

Nominalisierung auf der Basis von Verben

Suffixes	Adjectifs	Noms	
	La nominalisation = l'action du verbe		
-ation *-xion* *-tion* *-ion* *-sion*	*arrêter* *augmenter* *connecter* *élire* *réunir* *voir*	*arrestation* *augmentation* *connexion* *élection* *réunion* *vision*	
-ade	*glisser* *promener* *noyer*	*glissade* *promenade* *noyade*	
fém. du participe	*arriver* *entrer* *prendre* *sortir*	*arrivée* *entrée* *prise* *sortie*	
-ment	*changer* *se comporter* *élargir*	*changement* *comportement* *élargissement*	
-age	*chômer* *emballer* *passer*	*chômage* *emballage* *passage*	
absence de suffixe	*abandonner* *changer* *répondre*	*abandon* *changement* *réponse*	
	La nominalisation = résultat de l'action		
-ure	*blesser* *couvrir* *lire* *signer*	*blessure* *couverture* *lecture* *signature*	

Nominalisierung auf der Basis von Ergänzungssätzen

Hier müssen Sie entsprechend der Konstruktion des Satzes entweder

a auf ein Adjektiv oder
b ein Verb

als Grundlage für die Nominalisierung zurückgreifen:

a *J'ai remarqué que Vincent était **gentil**.*
*> J'ai remarqué **la gentillesse** de Vincent.*

b *Elle a appris que son mari était **parti**.*
*> Elle a appris **le départ** de son mari.*

2 Satzarten und Satzteile

Les types et les parties de phrases

2.1 Der Fragesatz

La phrase interrogative

Die Fragetypen im Überblick

Im Französischen haben Sie folgende Möglichkeiten, Fragen zu formulieren:

OBSERVEZ	DECOUVREZ
Tu vas le rencontrer? *Tu vas le rencontrer quand?*	die Intonationsfrage, auch beliebig mit Fragepronomen kombinierbar
Est-ce que tu vas le rencontrer?	die Entscheidungsfrage mit *est-ce-que*
Quand est-ce que tu vas le rencontrer?	die Frage mit einem beliebigen Fragepronomen und *est-ce-que* konstruiert
Vas-tu le rencontrer? *Quand vas-tu le rencontrer?* *De qui parles-tu?*	die einfache Inversionsfrage, auch beliebig mit einem Fragepronomen kombinierbar
Anne va-t-elle le rencontrer? *Quand Anne va-t-elle le rencontrer?* *De qui Anne parle-t-elle?*	die komplexe Inversionsfrage, auch beliebig mit einem Fragepronomen kombinierbar

RETENEZ

- In der mündlichen Kommunikation ist die Intonationsfrage sehr geläufig. Für die schriftliche Kommunikation müssen jedoch auch die anderen Fragetypen beherrscht werden.

- Die Entscheidungsfrage mit *est-ce que* bietet den Vorteil, dass hier die Satzstellung des Aussagesatzes erhalten bleibt und sie mit fast allen Fragepronomina kombinierbar ist. Will man Fehler vermeiden, wählt man diese Frageform.
- Die einfache Inversionsfrage – ebenfalls in der mündlichen Kommunikation sehr beliebt – ist nur möglich, wenn das Subjekt ein Personalpronomen oder *ce* ist.
  Est-ce possible ?
- Die komplexe Inversionsfrage ist immer dann erforderlich, wenn das Subjekt ein Nomen ist; das heißt, es wird das entsprechende Nomen mit der einfachen Inversionsfrage kombiniert. Fragepronomina werden – wenn erforderlich – vorangestellt.
  Endet das Verb mit einem Vokal und beginnt das Pronomen ebenfalls mit einem Vokal, muss – wegen der Aussprache – ein *-t-* dazwischen geschoben werden. Die komplexe Inversionsfrage ist in der gehobenen Standardsprache und in der schriftlichen Kommunikation erforderlich.

Die Frage mit *qui* oder *que*

OBSERVEZ	DECOUVREZ
Qui a perdu ses clefs ? *Qui est-ce* ***qui*** *a perdu ses clefs ?*	*qui* = Subjekt/Person *qui* durch *est-ce qui* erweitert = Frage nach einer bestimmten Person in einer Gruppe
Qui avez-vous rencontré ? *Qui est-ce* ***que*** *vous avez rencontré ?*	*qui* = Objekt/Person *qui* durch *est-ce que* erweitert = Frage nach einer bestimmten Person in einer Gruppe
Qu'est-ce ***qui*** *t'intéresse ?*	*qu'est-ce qui* = Subjekt/Sache
Que pensent tes amis ? *Qu'est-ce* ***que*** *tes amis pensent ?*	*que* = Objekt/Sache *que* durch *est-ce que* erweitert, um die Frage zu präzisieren

RETENEZ

Unterscheiden Sie bei den Fragepronomen *qui* und *que* ohne Präposition,

a ob sie sich auf eine Person oder Sache beziehen und
b ob sie in der Subjekt- oder Objektstellung sind.

Das Fragepronomen *qui* wird für **Personen** sowohl **in der Subjekt**- wie auch in der **Objektstellung** benutzt.
Nur in der erweiterten Frageform – *qui est-ce qui/qui est-ce que* – wird sofort deutlich, ob es sich um ein Subjekt oder Objekt handelt.

Qui est venu ?	*Qui as-tu rencontré ?*
*Qui est-ce **qui** est venu ?*	*Qui est-ce **que** tu as rencontré ?*
Subjekt	Objekt

Das Fragepronomen für eine **Sache in der Subjektstellung** kann nur in der erweiterten Form – *qu'est-ce qui* – existieren, da es sich sonst nicht vom Fragepronomen für Personen unterscheiden würde.

***Le sport** m'intéresse.*
▲
Subjekt
▼
*Et toi, **qu'est-ce qui** t'intéresse ?*

Das Fragepronomen für eine **Sache in der Objektstellung** existiert sowohl in der einfachen wie erweiterten Form.

***Que** fais-tu ?* = Inversionsfrage
*Qu'est-ce **que** tu fais ?* = erweiterte Frage

Die Frage mit *quel* oder *lequel*

OBSERVEZ

1 ***Quel*** *train prenez-vous?*
Il y a un train à 14 heures et à 15 heures.
Lequel *est-ce que vous préférez?*

2 ***Quelle*** *est votre couleur préférée?*
J'ai cette jupe en bleu et en vert.
Laquelle *voulez-vous essayer?*

3 ***Quels*** *sont les nouveaux candidats cette année?*
Il y a des candidats européens et américains.
Et ***lesquels*** *sont les mieux placés?*

4 ***Quelles*** *fleurs avez-vous en ce moment?*
J'ai des roses et des coquelicots.
Lesquelles *est-ce que vous prenez?*

DECOUVREZ ET RETENEZ

Die beiden Fragepronomen *quel* und *lequel* – auf Personen wie auf Sachen bezogen – werden in Situationen benutzt, bei denen es um eine Wahl geht. Beide können als Subjekt oder als Objekt fungieren.

- *Lequel* bezieht sich auf Personen bzw. Sachen, die bereits erwähnt wurden.
- Beide Fragepronomen passen sich in Genus und Numerus dem Nomen an, auf das sie sich beziehen.

2.2 Der Verneinungsatz
La phrase négative

Die Satzstellung bei der Verneinung
Wie Sie wissen, besteht die Verneinung aus zwei Elementen, die sich meistens wie eine Klammer um das konjugierte Verb legen; nur bei verneinten Infinitivkonstruktionen stehen beide Verneinungselemente vor dem Infinitiv:

> *Il **ne** rentrera **pas** ce soir.*
> *Il **n'**est **pas** rentré ce soir.*
> ***Ne** rentre **pas** ce soir!*
> *Elle lui a dit de **ne pas** rentrer ce soir.*

Darüber hinaus umschließt die Verneinungsklammer auch direkte und indirekte Objektpronomen:

> *Il **ne la** voit **pas**.*
> *Elle **ne leur** donne **pas** d'argent.*

Die verschiedenen Verneinungselemente
Eine häufige Fehlerquelle ist, dass die Grundformel der Negation *ne … pas* einfach mit den Adverbien der Affirmation verknüpft wird. Wenn Sie Affirmation und Negation im Vergleich betrachten, wird deutlich, wie unterschiedlich beides sein kann. Es ist also besser, wenn Sie sich von vornherein die verschiedenen Gegensatzpaare einprägen.

OBSERVEZ ET DECOUVREZ

Elemente der *Negation*		↔	**Adverbien bzw. indefinite Pronomen der *Affirmation***	
kaum	*ne … guère* *ne … pas souvent*		*souvent*	oft
noch nicht	*ne … pas encore*		*déjà*	schon
überhaupt nicht	*ne … pas du tout*		*un peu*	ein bisschen
auch nicht ich auch nicht	*ne … pas non plus* *moi non plus*		*aussi* *moi aussi*	auch ich auch
nicht mehr	*ne … plus*		*encore*	noch
überhaupt nicht mehr	*ne … plus du tout*		*encore un peu*	noch ein bisschen
niemals	*ne … jamais*		*toujours* *quelquefois*	immer manchmal
niemals mehr	*ne … plus jamais*		*encore une fois*	noch einmal
nichts	*ne … rien* *Rien ne …*		*quelque chose* *tout*	etwas alles
nichts mehr	*ne … plus rien* *Plus rien ne …*		*encore quelque chose*	noch etwas
überhaupt nichts mehr	*ne … plus rien du tout*		*encore un peu*	noch ein bisschen
niemand	*ne … personne* *Personne ne …*		*quelqu'un*	jemand
keine/r	*ne … aucun/e* *Aucun/e ne …*		*quelques + nom*	einige
nicht eine/r	*ne … pas un/e seul/e* *Pas un/e seul/e ne …*		*quelques-uns /unes*	einige

RETENEZ

Die negativen Indefinita *rien, personne, pas un, aucun* können auch in der Funktion eines Subjekts auftreten, gefolgt von dem zweiten Verneinungselement *ne* stehen sie vor dem konjugierten Verb.

Rien ne *va plus.*

Personne ne *peut expliquer la disparition du tableau.*

Nur in bestimmten Situationen kann das Verneinungselement *ne* wegfallen:

a in Sätzen mit indefiniten Pronomen, in denen kein Verb vorhanden ist:
*Vous avez entendu quelque chose? – Moi? **Rien**!*

b wenn nur ein Element des Satzes (z. B. Adjektiv, Adverb) verneint wird:
*Nous avons logé dans un hôtel **pas** trop cher.*

c in der Umgangssprache, niemals (!) jedoch in der Standard- bzw. Schriftsprache:
*Je sais **pas** ce qu'il a.*

Die Verneinung mit zwei Elementen

OBSERVEZ	DECOUVREZ
Ni *la police* ***ni*** *le juge* ***ne*** *s'est expliqué en public.*	Die Verneinung bezieht sich auf zwei Subjekte.
Il ***n'****a entendu* ***ni*** *le réveil* ***ni*** *le téléphone.* *Elle* ***ne*** *parle* ***ni*** *italien* ***ni*** *espagnol.* *Ils* ***ne*** *mangent* ***ni*** *le matin* ***ni*** *le soir.*	Die Verneinung bezieht sich auf ein direktes Objekt, eine prädikative Ergänzung oder eine adverbiale Bestimmung.
Elle ***ne*** *veut* ***ni*** *lire son journal,* ***ni*** *écouter la radio.*	Die Verneinung bezieht sich auf zwei nebengeordnete Verben.
Il ***n'y*** *aura* ***ni*** *champagne* ***ni*** *caviar.*	Das *de*, das normalerweise zur Nullmenge *pas* dazugehört, entfällt hier.

RETENEZ

Auch bei der Verneinung mit zwei Elementen darf nie das Verneinungselement *ne* vergessen werden!

Die Einschränkung

In vielen Fällen kann das Adjektiv *seul* bzw. das Adverb *seulement* durch *ne … que* ersetzt werden. Damit lässt sich unter anderem ein Text variabler gestalten.

OBSERVEZ ET DECOUVREZ

Seul/seulement	*ne … que*	Einschränkung
Seul *un hélicoptère peut sauver la vie des alpinistes.*	*Il* ***n'****y a* ***qu'****un hélicoptère qui puisse sauver la vie des alpinistes.*	des Subjekts
J'écoute ***seulement*** *de la musique.*	*Je* ***n'****écoute* ***que*** *de la musique.*	des direkten Objekts
Il pense ***seulement*** *à son sport.*	*Il* ***ne*** *pense* ***qu'****à son sport*	des indirekten Objekts
On aura les résultats ***seulement*** *dans trois semaines.*	*On* ***n'****aura les résultat* ***que*** *dans trois semaines*	der adverbialen Bestimmung *(erst)*
Le village est accessible ***seulement*** *en été.*	*Le village* ***n'****est accessible* ***qu'****en été.*	der adverbialen Bestimmung *(nur)*
C'est ***seulement*** *une idée qui m'est venue.*	*Ce* ***n'****est* ***qu'****une idée qui m'est venue.*	des Prädikatsnomens

RETENEZ

In folgenden Fällen ist allein die Einschränkung durch *seulement* möglich:

a bei Sätzen ohne Verb:
As-tu fait tout le travail? – Non, ***seulement*** *la moitié.*

b wenn das Objekt ein que-Satz ist:
Je demande ***seulement*** *que tu sois rentré à minuit.*

c wenn es sich um ein prädikatives Adjektiv handelt:
*Il n'avait pas peur, il était **seulement** irrité.*

Außerdem sind noch folgende Verbindungen sehr gebräuchlich und deshalb gut einzuprägen:

d *ne … pas seulement … mais aussi* (nicht nur, sondern auch):
*Ce **n'**est **pas seulement** du travail **mais** c'est **aussi** un plaisir.*

e *ne faire que* + Infinitiv (nichts anderes tun als):
*Quand elle a eu sa grippe, elle **n'a fait que** dormir.*

f *n'avoir qu'à* + Infinitiv (nur zu tun brauchen):
*Il **n'a qu'à** le **dire** s'il n'est pas content.*

2.3 Der Komparativsatz
La phrase comparative

In etwas anspruchsvolleren Kommunikationssituationen kann es vorkommen, dass man sich zu Schaubildern oder Statistiken äußern muss. Hierzu benötigt man das entsprechende „Werkzeug", den Vergleich und die Formen des Superlativs:

> **1** *Trouver des solutions est souvent plus difficile que de créer des problèmes.*
>
> **2** *Voilà le plus grand musée du monde!*

Eine ganze Reihe von Begriffen und Wortwendungen sind Ihnen sicher schon geläufig. Um aber Fehler zu vermeiden, gilt es die Feinheiten vor Augen bzw. im Kopf zu haben.

Grundsätzlich bezieht sich der Vergleich auf

a Adjektive und Adverbien
b Substantive und
c Verben.

Der Komparativ

OBSERVEZ	DECOUVREZ	RETENEZ
L'avion est plus ***rapide*** *que le train.*	*plus + adj. + que* *+ adv. + que*	Ausdrucksmittel für die Überlegenheit ***(supériorité)***: Beim Nomen werden die Regeln der Mengenangabe angewandt > *de*. ♦ In allen drei Fällen ist ***que*** das Bindewort für den Vergleich.
Mais il cause plus de ***pollution*** *que le train et concernant le carburant …*	*plus* ***de*** *+ nom* *+ que*	
… il ***consomme*** *plus que tous les autres moyens de transport.*	*verbe + plus + que*	
Dans les trains, le service est ***meilleur*** *que dans les avions. Dans le train, on est* ***mieux*** *placé que dans l'avion. Dans l'avion les sièges sont* ***pires*** *que ceux du train. (~ sont plus mauvais que ~)*	*meilleur/e* *mieux* *pire* *plus* *mauvais/e* } *que*	Einzig ***bon***, ***bien*** und ***mauvais*** haben eigenständige Steigerungsformen.
Le vélo est moins ***rapide*** *que le train.*	*moins + adj. + que* *+ adv. + que*	Ausdrucksmittel für die Unterlegenheit ***(infériorité)***: Beim Nomen werden die Regeln der Mengenangabe angewandt > *de*. ♦ In allen drei Fällen ist ***que*** das Bindewort für den Vergleich.
Bien sûr, il cause moins de ***pollution*** *que le train et concernant les ressources en énergie …*	*moins* ***de*** *+ nom* *+ que*	
… il ***consomme*** *moins que les autres moyens de transport.*	*verbe + moins* *+ que*	
Le tramway est aussi ***rapide*** *que le bus.*	*aussi + adj. + que* *+ adv. + que*	Ausdrucksmittel für die Gleichheit ***(égalité)***: Hier wechselt das Vergleichsadverb: ▪ ***aussi*** für Adjektive u. Adverbien ▪ ***autant*** für Nomen u. Verben. ♦ In allen drei Fällen ist auch hier wieder ***que*** das Bindewort für den Vergleich.
Il transporte autant de ***voyageurs*** *que le bus.*	*autant* ***de*** *+ nom + que*	
Le ticket pour le tramway ***coûte*** *autant que celui pour le bus.*	*verbe + autant* *+ que*	

Die Progression

Häufig sind graduelle Steigerungen bzw. Verminderungen zu beschreiben, die sich in einem bestimmten Zeitraum vollziehen. Hier gibt es bestimmte lexikalische „Stamm“strukturen, die mit dem Adjektiv/Adverb, dem Nomen oder dem Verb entsprechend kombiniert werden. Sie lassen sich so einfach wie eine mathematische Formel merken:

verbe +	*de plus en plus* *toujours plus* *chaque fois plus* ↕ *de moins en moins* *toujours moins* *chaque fois moins*	*+ adj./adv.*	*(de) + substantif*

- *Les conséquences de la pollution sont devenues **de plus en plus** sérieuses.*
- *Chaque année, il y a **toujours plus** de cyclones.*
- *La population souffre **chaque fois plus.***

\+

- *Les gouvernements ont **de moins en moins** d'argent.*
- *Le public du monde entier comprend **toujours moins** l'attitude de certains pays.*
- *Très souvent ce sont les enfants qui sont **chaque fois moins** protégés.*

–

Que oder *comme*?

Insbesondere in der mündlichen Kommunikation ist es schwierig, präzise zwischen *que* und *comme* zu unterscheiden, zumal im Deutschen in beiden Fällen *wie* benutzt wird.

*Ma sœur est plus bavarde **que** moi.*
*Elle est bavarde **comme** une pie* [Elster].

Betrachten Sie beide Sätze genau, dann können Sie sich eine ganz einfache Formel herleiten:

LERNTIPP Fehlt in der „Vergleichsformel" *plus/moins/aussi*, folgt *comme*!

OBSERVEZ	RETENEZ
*Elle est **plus** naturelle **que** toutes les vedettes du cinéma.* *Il a travaillé **autant que** son frère.*	*plus* *autant* *moins* } *adj.* → *que*
*Elle est naturelle **comme** une fille de la campagne.* *Il a travaillé **comme** une machine.*	*adj.* → *comme*

Der Superlativ

OBSERVEZ	DECOUVREZ	RETENEZ
Ce parc d'attractions est le plus grand (du monde). *Ce chip électronique est le moins grand.* *La place des Vosges est une des plus belles places (de France).*	*le/la/les + plus + adj.* + Nomen *(+ de)* *le/la/les + moins + adj.* + Nomen *(+ de)* *un/une des + plus + adj.* + Nomen *(+ de)*	Beim Superlativ gibt es zwar keinen Vergleich, aber wenn eine Bezugsgröße angegeben wird, dann ist sie mit ***de*** einzuleiten.
Pour l'instant, elle est la meilleure athlète (du monde). *Ce comportement est le mieux adapté à la situation climatique.*	*bon/ne > le meilleur/ la meilleure/ les meilleur(e)s* *bien > le/la/les mieux* *mauvais > le/la/les pire(s)*	ATTENTION : Sonderformen für ***bon***, ***bien*** und ***mauvais***

OBSERVEZ	DECOUVREZ	RETENEZ
Cette photo est la photo la plus intéressante (de tout l'album). *Voilà un des restaurants les plus chers de Paris.*	Nomen + *le/la/les + adj. (+ de)* *un/une des +* Nomen + *le/la/les + adj. (+ de)*	Die Mehrzahl der Adjektive wird nachgestellt, dementsprechend müssen auch die Formen des Superlativs nachgestellt werden.

2.4 Der Passivsatz
La phrase passive

Bildung

1 *Toute l'Europe était touchée par une vague de chaleur.*
2 *Une grande partie de la forêt a été dévastée par le feu.*
3 *Chaque année, ces incendies sont causés par des criminels.*

In bestimmten Kommunikationssituationen – besonders in der Schriftsprache – ist die Passivform angebrachter als die aktive Formulierung. Das Passiv zu bilden bereitet im Prinzip keine Schwierigkeiten, wenn man die Regeln zur Formulierung des *passé composé* mit *être* beherrscht und den „Umbauplan" zur Umwandlung eines aktiven Satzes in den Passivsatz kennt:

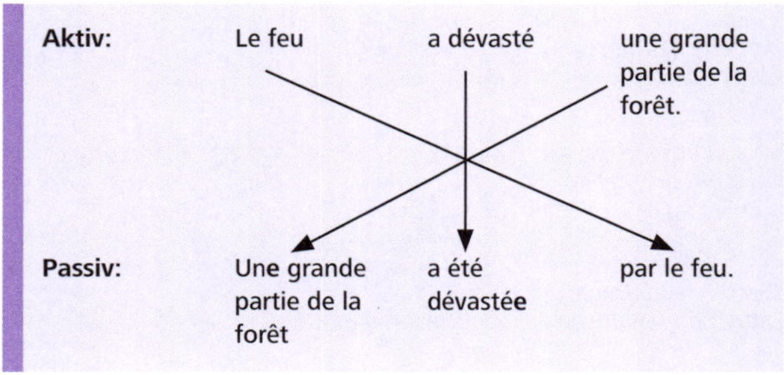

- **Das Subjekt des Aktivsatzes wird zum Objekt** (= Urheber) im Passivsatz.
- **Das direkte Objekt im Aktivsatz wird zum Subjekt** des Passivsatzes.
- **Im Passivsatz ist ein Objekt** (= Urheber) **nicht unbedingt erforderlich:**
  *Cette fois-ci, des **sommes** considérables seront **mises** à la disposition de la région.*
  *Ce sont les petits **agriculteurs** qui doivent êtres **assistés**.*
- **Die Passivform wird also gebildet mit:**

être + participe passé
Modalverb + *être + participe passé*
▼
Angleichung an das Subjekt

2

Gebrauch

OBSERVEZ	DECOUVREZ	RETENEZ
*Dès son arrivée, la vedette a été entourée **par** de nombreux journalistes.*	Die Ergänzung wird durch → ***par*** eingeleitet.	Hier handelt es sich um ein Vorgangspassiv (= **wurde** … umringt).
*Sur cette photo, grand-père est entouré **de** tous ses enfants et petits-enfants.*	Die Ergänzung wird durch → ***de*** eingeleitet.	Hier handelt es sich um ein Zustandspassiv (= **ist** … umgeben).

- Einige Verben werden grundsätzlich **von der Präposition *de* begleitet**.

Die Tabelle auf der nächsten Seite gibt Ihnen einen Überblick über Verben im übertragenen Sinn sowie über Verben, die einen Zustand bezeichnen und mit der Präposition *de* stehen.

*être écrasé/e de**	erdrückt, überlastet sein von	Verben im übertragenen Sinne
être assailli/e de	bestürmt werden mit	
être entouré/e de	umgeben sein von	
être décoré/e de	geschmückt sein mit	
être suivi/e de	in Begleitung sein von	
être accompagné/e de	begleitet werden/ sein von	
* **aber:** *être écrasé/e* ***par*** *un camion*	überfahren werden von …	
être bordé/e de	gesäumt, eingefasst mit	Verben, die einen Zustand bezeichnen
être oublié/e de	vergessen sein von	
être ignoré/e de	unbekannt sein bei	
être connu/e de	bekannt sein bei	
être aimé/e de	geliebt sein von	Verben, die ein Gefühl bezeichnen
être estimé/e de	geachtet sein von	
être détesté/e de	verabscheut sein von	
être haï/e de	gehasst sein von	
être craint/e de	gefürchtet sein von	
être effrayé/e de	erschrocken sein über	
être surpris/e de	überrascht sein von	

Reflexivkonstruktionen

Bei Konstruktionen ohne Nennung des Urhebers ist die Reflexivkonstruktion sehr verbreitet, insbesondere wenn **das Subjekt eine Sache** ist und wenn mit dem Satz eine Möglichkeit, etwas Offensichtliches oder eine Notwendigkeit ausgedrückt werden soll.

Ce livre est beaucoup vendu.	=	Passivkonstruktion
On vend beaucoup ce livre.	=	Aktivkonstruktion mit ***on***
Ce livre se vend beaucoup.	=	Reflexivkonstruktion im Sinne des Passivs

- *Se faire + infinitif* ist eine Reflexivkonstruktion, bei der **das Subjekt ein Lebewesen** ist, das einen Vorgang veranlasst oder erduldet.

Il a demandé qu'on lui montre le chemin.	→	*Il s'est fait montrer le chemin.* (Er hat sich den Weg zeigen lassen.)
Elle a été écrasée par une moto.	→	*Elle s'est faite écraser par une moto.* (Sie hat sich vom Motorrad überfahren lassen.) ▼ ***se faire + infinitif***

3 Zeiten und Modi
Les temps et les modes

3.1 Übersicht über Zeiten und Modi
Bref aperçu des temps et modes

Es liegt auf der Hand, dass *Futur, Plusquamperfekt, Präsens* verschiedene **Zeitformen** sind. Wie lässt sich aber **Modus** definieren? Zunächst kann man sagen, dass es sich jeweils um eine Gruppe von Zeitformen handelt, die durch eine bestimmte innere Logik verbunden sind. Es gibt 17 Zeiten und 4 Modi. Die grau unterlegten Zeilen beinhalten Zeiten, die in der Standardsprache immer seltener anzutreffen sind.

Modes	Temps	Exemple
Indicatif	*Présent*	*Il prend*
	Passé composé	*Il a pris*
	Imparfait	*Il prenait*
	Plus-que-parfait	*Il avait pris*
	Futur	*Il prendra*
	Futur antérieur	*Il aura pris*
	Passé simple	*Il prit*
	Passé antérieur	*Il eut pris*
Conditionnel	*Présent*	*Il prendrait*
	Passé 1ère forme	*Il aurait pris*
	Passé 2ième forme	*Il eût pris*

Subjonctif	*Présent*	*Qu'il prenne*
	Passé	*Qu'il ait pris*
	Imparfait	*Qu'il prît*
	Plus-que-parfait	*Qu'il eût pris*
Impératif	*Présent*	*Prends !*
	Passé	*Aie Pris !*

- Der Indikativ vermittelt Fakten des konkreten Lebens, die sich unzweifelhaft abspielen, abgespielt haben oder noch abspielen werden:
  Je suis rentrée à 19 heures.
- Das Konditional drückt Möglichkeiten, ungewisse Ereignisse bzw. Traumvorstellungen aus:
  Il aimerait bien faire le tour du monde.
- Der *subjonctif* (ein Modus, der im Deutschen keine Entsprechung hat) drückt innere Gefühlszustände, Wünsche, Hoffnungen und Forderungen aus. Dieser Modus tritt immer nur im Nebensatz auf:
  Je crains qu'elle ne fasse des bêtises.
- Der Imperativ enthält klar und deutlich eine präzise Aufforderung, einen Befehl. Die Formen sind deshalb weniger in der Schriftsprache zu finden:
  Prenez vos affaires et partez !

Zeitstrahl

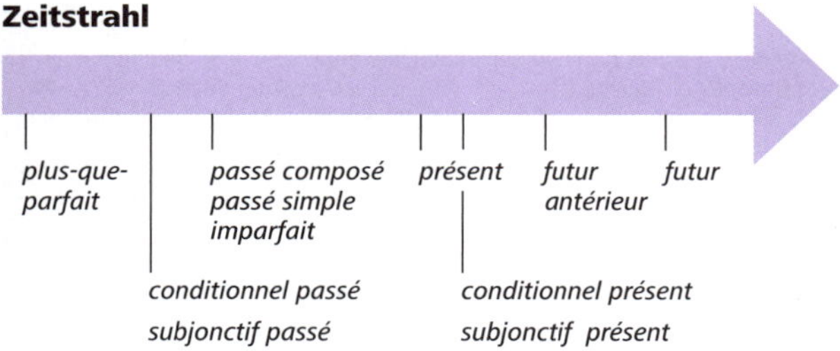

3.2 Die Zeiten der Vergangenheit

Les temps du passé

Imparfait und *passé composé*

1 *Astérix et Obélix **se promenaient** dans la forêt, quand, tout à coup, **ils ont entendu** les Romains.*

2 *J'**étais** en train de lire mon journal, quand le téléphone **a sonné**.*

Passé composé und *imparfait* – diese beiden Zeitformen der Vergangenheit – beziehen sich auf den gleichen Punkt im Zeitstrahl (↗ S. 69). Aber wann benutzt man die eine Form und wann die andere? Wenn in der Muttersprache dieser Unterschied nicht vorkommt, ist es nicht einfach, die beiden Zeitformen korrekt anzuwenden. Zumindest für den Gebrauch in der schriftlichen Kommunikation, lassen sich die Regeln so zuspitzen, dass man sie beachten kann. Meistens gelingt es dann erst im nächsten Schritt, sie auch für die mündliche Kommunikation zu verinnerlichen.

OBSERVEZ	DECOUVREZ
*Elle **est rentrée** à la maison, **a mis** quelques affaires dans sa valise et **est repartie** à l'aéroport.* *Elle **rentra** à la maison, **mit** quelques affaires dans sa valise et **repartit** à l'aéroport.*	**Die Handlung** steht im Vordergrund; eine Handlung löst die andere ab: ***passé composé*** An die Stelle des passé composé kann auch das ***passé simple*** treten; es hat den gleichen „Wert", wird jedoch vorwiegend in schriftlichen, meist literarischen Texten, verwendet.
*Ça **faisait** des journées qu'il **pleuvait**. On ne **pouvait** même plus accéder à certains villages.*	Hier geht es um **die Beschreibung** eines Zustandes, der gleich bleibt und durch keinerlei Handlung verändert wird: ***imparfait***

RETENEZ

- Wird eine Situation durch **die Abfolge von Handlungen** bestimmt – d. h. sie **verändert** sich ständig durch die jeweils neu eintretende Handlung –, ist das *passé composé* zu benutzen.
- Wird eine Situation – und darin können auch bestimmte Handlungen stattfinden – **nicht** durch eine (neu eintretende) Handlung **verändert**, ist das *imparfait* zu benutzen.

Wie spielen nun beide Zeitformen in einem Satz zusammen? Am besten kann man sich dies mit den Begriffen **„Haupthandlung"** *(Action principale)* und **„Nebenhandlung"** *(Action secondaire)* bzw. „Vordergrund" und „Hintergrund" vergegenwärtigen:

Actions principales	Actions secondaires
*Vers 19 heures, Marie **a fermé** tous ses dossiers*	*Pendant que sa fille **était** dans la cuisine*
*et **a éteint** la lumière dans son bureau.*	*où elle **préparait** déjà le repas du soir.*
*Pour un moment, elle **est sortie** de sa cuisine pour mettre la table.*	*A la radio, on **entendait** de la musique douce.*
*Marie **a pris** place à table.*	*tandis que sa fille ter**minait** les préparatifs pour le dîner.* *La soirée **commençait**.*

Der Einsatz von bestimmten Konnektoren (Adverbien oder Konjunktionen) kann ebenfalls eine Orientierungshilfe für die Benutzung der richtigen Zeit sein. Auf der nächsten Seite finden Sie einige davon aufgelistet.

Imparfait		*Passé composé*	
Indicateurs temporels	***Conjonctions***	***Indicateurs temporels***	***Articulateurs du récit***
hier *avant-hier* *la semaine dernière* *lundi dernier* *il y a trois jours, …* *en juillet dernier*	***de temps:*** *quand* *lorsque* *dès que* *au moment où* *après que* ***de cause:*** *parce que* *comme*	*soudain* *tout à coup* *brusquement* *à un moment* *un peu plus tard* *quelques minutes après* *un instant après* *alors*	*d'abord* *tout d'abord* *puis* *ensuite* *alors* *enfin* *finalement*

Das *passé simple*

Selbst wenn in der alltäglichen Kommunikation, das *passé simple* nicht mehr existiert, ist es in der Literatur umso lebendiger, auch in der Kinder- und Jugendliteratur. Für das Leseverständnis ist es daher wichtig, die Formen passiv zu beherrschen.

Personne	***Verbes en -er:*** *passer*	***Verbes en -ir*** *(-is, -iss):* *finir*
1ère p. sg.	*je passai*	*je finis*
2e p. sg.	*tu passas*	*tu finis*
3e p. sg.	*il passa*	*il finit*
1ère p. pl.	*nous passâmes*	*nous finîmes*
2e p. pl.	*vous passâtes*	*vous finîtes*
3e p. pl.	*ils passèrent*	*ils finirent*

LERNTIPP Für die Pluralendungen lässt sich merken, dass sie alle nach dem gleichen Prinzip gebildet werden:

- *-ˆmes, -ˆtes, -rent*

Lediglich der Vokal ändert sich, je nach dem welche Ausgangskonjugation gewählt wird!

Personne	***Verbes en -ir:*** *partir (ohne -iss)*	***Verbes en -re:*** *craindre, conduire, écrire, mettre, prendre, vaincre*	
1ère s.	*je partis*	*je pris*	
1ère p.	*nous partîmes*	*nous prîmes*	
	Verbes en -oir: *s'asseoir, voir, prévoir*		*-i*
1ère s.	*je vis*		
1ère p.	*nous vîmes*		
	Verbes en -oir: *recevoir, devoir, pouvoir, savoir, valoir, falloir, pleuvoir*	***Verbes en -re:*** *boire, conclure, connaître, croire, lire, paraître, plaire, résoudre, se taire, vivre*	
1ère s.	*je reçus*	*je crus*	
1ère p.	*nous reçûmes*	*nous crûmes*	
	Verbes en -ir: *courir, mourir*		*-u*
1ère s.	*je courus*		
1ère p.	*nous courûmes*		
	Verbes: *venir, tenir*		
1ère s.	*je vins*		*-ins*
1ère p.	*nous vînmes*		
	avoir	***être***	
1ère s.	*j'eus*	*je fus*	*-u*
1ère p.	*nous eûmes*	*nous fûmes*	

Das *plus-que-parfait*

> **1** *Il **neigeait**, la route devenait glissante.*
> **2** *Il **avait neigé**, la route était glissante.*

In Satz 1 – beide Teile im *imparfait* – handelt es sich um eine Situationsbeschreibung. In Satz 2 geht der Situationsbeschreibung (in der Vergangenheit) eine Handlung voraus (= Vorvergangenheit).

LERNTIPP Das *plus-que-parfait* (Plusquamperfekt) wird gebildet mit: → *imparfait* von *avoir* **oder** *être* + *participe passé.*

3.3 Die Zeiten der Zukunft
Les temps du futur

Futur I: *le futur simple*

> **1** *Je **viendrai** vous chercher à la gare.*
> **2** *La prochaine fois, nous **irons** à la côte.*

Anders als im Deutschen, wo diese Sätze auch im Präsens – allerdings auf die Zukunft bezogen – formuliert werden könnten, verlangt die französische Sprache größere Eindeutigkeit.

- Das *futur simple* kennzeichnet Vorgänge, die
  - in **fernerer Zukunft** liegen und
  - noch **unbestimmt** sind:

  L'an prochain, nous passerons nos vacances dans le sud.
  Après le baccalauréat, je ferai peut-être un stage dans une entreprise française.

- Außerdem kann das *futur simple* den „Wert“ einer **Aufforderung** bzw. eines **Befehls** haben:
  Après avoir relevé les traits caractéristiques de Madame Bovary, vous ferez son portrait.
  D'abord, tu rangeras ta chambre.
- Das *futur composé*, das übrigens in der Umgangssprache sehr geläufig ist und teilweise das *futur simple* ersetzt, erfasst einen **Zeitpunkt**, der sozusagen Teil des Präsens ist:
  Donne-moi la clé, je vais essayer d'ouvrir la porte.
  Ce soir, on va aller voir le film « La piscine » de Frédéric Ozon.

Futur II: *le futur antérieur*

Quand tu auras terminé tes maths, tu pourras aller chez ta copine.

▼ Handlung, die zuvor abgeschlossen sein muss ← ▼ Ereignis in der Zukunft

Das *futur antérieur* bezeichnet Vorgänge, die in der Zukunft stattfinden, aber zu einem bestimmten Zeitpunkt **abgeschlossen** sein müssen. Im Deutschen wird das *futur antérieur* mit dem *Perfekt* ausgedrückt.

- Häufig leiten folgende Konjunktionen das *futur antérieur* ein:
  - *quand* wenn
  - *lorsque* wenn
  - *dès que* sobald
  - *aussitôt que* sobald
  - *ce n'est que lorsque … que* erst wenn

3.4 Das Konditional
Le conditionnel

Konditional I: *le conditionnel présent*

Im Französischen wird das Konditional in erster Linie als Tempus mit modaler Wertigkeit verwendet. Im komplexen Gefüge des Bedingungssatzes ist auch die Zeitenfolge genau zu beachten (↗ S. 84).

OBSERVEZ	DECOUVREZ
Pourriez-vous me dire quelle heure il est?	Bitte
Nous devrions réfléchir à ce projet.	Aufforderung
Serait-il possible d'essayer ce pull?	höfliche Frage
Tu ferais cela pour moi?	Vorschlag
J'aimerais bien partir ce week-end.	Wunsch
Il y aurait des morts dans l'accident.	vorsichtige/nicht sichere Information
Mes parents ne seraient pas contents de moi.	Annahme/Vermutung
A ta place, je ne fumerais pas.	Rat

RETENEZ

Das *conditionnel présent* nuanciert die Aussage des Satzes, indem es deren Gültigkeit abschwächt. Man benutzt es als Ausdruck der Höflichkeit, des Zweifels, des Vorgestellten (Irrealität). Die obigen Beispiele zeigen die verschiedenen Möglichkeiten.

> *Elle m'a dit: «Je t'**appellerai** demain.»*
> → *Elle m'a dit **qu'**elle m'**appellerait** demain.*

Als reines Tempus bezeichnet das *conditionnel* eine von der Vergangenheit aus gesehene Zukunft. Aus dem *futur simple* der

direkten Rede wird das *conditionnel présent* in der indirekten Rede.

Konditional II: *le conditionnel passé*

> ***Tu aurais pu** m'attendre.*
> *Dans ce cas-là, **il aurait fallu** travailler à deux.*

Das *conditionnel passé* drückt aus der Sicht der Vergangenheit eine **nicht mehr realisierbare Möglichkeit** aus:

> *Ma mère m'a dit: « Tu pourras sortir, quand tu **auras terminé** tes devoirs. »*
> *→ Elle m'a dit que je pourrais sortir, quand j'**aurais terminé** mes devoirs.*

RETENEZ
In der **indirekten Rede** wird das *futur antérieur* durch das *conditionnel passé* ersetzt.

3.5 Der *subjonctif*
Le subjonctif

Der *subjonctif* im komplexen Satz (Hauptsatz + Gliedsatz mit *que*) drückt – anders als der deutsche Konjunktiv – eine bestimmte Haltung des Sprechers/der Sprecherin gegenüber dem im Satz formulierten Vorgang aus, zum Beispiel:

- ein Wunsch,
- eine Annahme,
- eine Notwendigkeit,
- eine irgendwie geartete Wertung.

1 *Depuis longtemps, on sait que le tabac **est** un danger.* ⇨ Tatsache = ***indicatif***

2 *Je **crains** que les Français ne **fassent** pas assez d'efforts pour arrêter de fumer.* ⇨ Wertung = ***subjonctif***

Zusammenfassend lässt sich zunächst festhalten, dass der *subjonctif*

a nach bestimmten Verben sowie unpersönlichen Ausdrücken,

b nach bestimmten Konjunktionen sowie

c in bestimmten Relativsätzen

steht.

Außerdem sollten der Hauptsatz und der Gliedsatz verschiedene Subjekte haben. Bei gleichem Subjekt ist es stilistisch eleganter, eine Infinitivkonstruktion zu benutzen.

1 ***Il** est heureux ~~qu'il obtienne~~ le prix Nobel.*

⇨ *Il est heureux d'obtenir le prix Nobel.*

2 ***Sa mère** est heureuse qu'**il** obtienne le prix Nobel.*

Automatisierter Gebrauch in Gliedsätzen mit *que*

■ Nach persönlichen Verben und Ausdrücken (*être* + Adjektiv)

Haltung/Gefühl	Beispiel
Wunsch und Verlangen	*j'aimerais que, attendre que, avoir envie que, préférer que, souhaiter que, demander que, désirer que, exiger que*
	*Je préfère que tu **m'attendes** en bas.*
Erlauben und Verbieten	*accorder que, autoriser que, permettre que, défendre que, interdire que*
	*Ma mère a autorisé que je **parte** plutôt.*
positives und negatives Interesse	*s'attendre à ce que, tenir à ce que, veiller à ce que,*
	*Je tiens à ce que vous ne **buviez** pas.*
Vorschlagen und Zustimmen	*accepter que, approuver que, être d'accord que, proposer que, recommander que, supporter que, tolérer que, vouloir bien que*
	*Seriez-vous d'accord qu'on **fasse** un petit tour?*
Ablehnen und Verhindern	*désapprouver que, empêcher que, éviter que, s'opposer à ce que, refuser que*
	*Les Français ne supportent pas qu'il y **ait** autant de scandales de corruption.*
subjektives Empfinden	*admirer que, adorer que, aimer que, avoir honte/peur que, se féliciter que, se réjouir que, s'inquiéter que, redouter que* *être content/heureux/ravi/satisfait/surpris/fier ⇔ choqué/désolé/ennuyé/fâché/triste que*
	*Je suis ravie que vous **acceptiez** mon invitation.*
wertende Stellungnahme	*critiquer que, déplorer que, détester que, s'étonner que, s'indigner que, se moquer que, regretter que, trouver bien/mal/terrible que*
	*Je trouve bien que le film **soit projeté** en version originale.*

■ Nach unpersönlichen Verben

Haltung/Gefühl	Beispiel
Wunsch oder Wertung	*il convient que, il faut/faudrait que, il importe que, il suffit que, il vaut mieux que, il est (grand) temps que*
	Il est grand temps que tu ***comprennes*** *la gravité de la situation.*
mögliches Eintreten	*il arrive que, comment se fait-il que … ?, il se peut que, d'où vient que … ?*
	Il se peut qu'ils ***aient*** *oublié l'heure.*

■ Nach unpersönlichem Subjekt + subjektive/wertende Formulierung

Konstruktion	Beispiel
cela + Verb mit Objekt	☺ *cela m'amuse que, cela m'arrange que, cela me plaît que, cela me rassure que* ☹ *cela me déplaît que, cela me gêne que, cela m'inquiète que* ↯ *cela me surprend*
	*Cela m'inquiète qu'il n'****ait*** *pas téléphoné.*
Il est/C'est + Adjektiv	☺ *Il est/C'est agréable/amusant/bon/excellent/naturel que* ☹ *Il est/C'est bête/faux/honteux que* ↯ *Il est/C'est important/surprenant que*
	C'est sympathique qu'il ***soit*** *venu avec un bouquet de fleurs.*

c'est + Nominalgruppe	☺ *C'est une chance que* ☹ *C'est dommage que, c'est une honte/un malheur que* ↯ *C'est une chose curieuse/ennuyeuse … que, c'est un fait remarquable/ sensationnel … que*	
	*C'est un fait sensationnel que les Français **aient** gagné autant de médailles.*	
quel + Substantiv	*Quelle chance que …*	
	*Quelle chance que tu **sois** en Europe.*	

ATTENTION

- ***Espérer*** ist zwar ein Verb mit wertendem Gehalt, trotzdem wird es mit dem Indikativ konstruiert:
  - *espérer que* + ***indicatif***:

  J'espère que vous aurez un voyage agréable.
- Nach allen **Verben und Ausdrücken** (im positiven Sinne) **des Denkens/Meinens/Sagens/der Gewissheit**
  - folgt im *que*-Satz der ***indicatif***:

  *Je pense que ton copain ne **comprend** pas le problème.*
  *Il est évident qu'il **était** au courant de tout.*
  Es handelt sich hier um keine Wertung, sondern um eine Feststellung, die für den Sprecher eine Tatsache ist.

Nicht-automatisierter Gebrauch

1 *Je ne crois **pas** qu'elle **réussisse** à son bac.*
2 ***Penses-tu** qu'elle **comprenne** la portée du problème?*

Sobald die **Verben und Ausdrücke des Denkens, Meinens, Sagens und Erklärens** vom Sprecher/von der Sprecherin nuanciert werden, das heißt in Form der Verneinung oder einer Frage auftauchen, können sie – entsprechend dem Kontext – auch den *subjonctif* auslösen.

LERNTIPP Unabhängig vom sprachlichen Kontext steht der *indicatif* aber **immer** nach folgenden Verben:

- *savoir que, ignorer que, se rendre compte que, s'apercevoir que, réaliser que* und *espérer que:*
  Mes parents ***ne se rendent pas*** *compte que* ***j'ai grandi.***

Der *subjonctif* nach Konjunktionen

1 *Faites quelque chose contre cette maladie,* ***avant qu'****il (ne) soit trop tard!*

2 *Nous avons recours à ces mesures draconiennes,* ***afin que*** *la maladie ne se répande pas.*

Folgende Konjunktionen leiten automatisch Adverbialsätze mit *subjonctif* ein:

Konstruktion	Beispiel
temporale Konjunktionen	*avant que … (ne), jusqu'à ce que, en attendant que*
	Tu restes à la maison ***jusqu'à ce que*** *tu sois guéri.*
finale/konsekutive Konjunktionen	*pour que, afin que, de peur que (ne), de crainte que (ne)*
	Donne-moi ta clé ***pour que*** *je* ***puisse*** *rentrer chez toi.*
konzessive Konjunktionen	*quoique, bien que*
	Il a obtenu ce poste, ***bien qu'****il ne* ***connaisse*** *pas du tout ce domaine.*
adversative Konjunktion	*sans que*
	Il a été éliminé du concours ***sans qu'****on lui* ***ait dit*** *les raisons.*
konditionale Konjunktionen	*à condition que, pourvu que, à supposer que, à moins que … (ne)*
	On peut transporter la malade ***pourvu qu'****elle* ***soit*** *dans un état satisfaisant.*

Der *subjonctif* in Relativsätzen

a *Je **ne** connais **personne qui** ne **se plaigne** pas de la circulation en ville.*

b *Je **cherche** donc une voiture **qui soit** facile à garer.*

c *Voilà la CRT-SM Luxe, c'est **le plus petit modèle qui soit** sur le marché en ce moment.*

Der *subjonctif* taucht im Relativsatz nur dann auf, wenn eine einschränkende Betrachtungsweise gegeben ist. Wie bereits in den Beispielsätzen angedeutet, gibt es hier drei Möglichkeiten:

- **Relativsatz-Typ a:** nach folgenden Verneinungs- bzw. Einschränkungsformeln wird in der Regel der *subjonctif* ausgelöst:
  - *ne … personne*
  - *ne … aucun/e*
  - *ne … rien*
  - *ne pas … de*
  - *ne … que* + Nomen
  - *ne … que* + Pronomen
  - *peu de* + Nomen
  - *ne … pas beaucoup de* + Nomen

- **Relativsatz-Typ b:** nach einem Verb des Wünschens/der Annahme/der Aufforderung + Nomen mit unbestimmtem Artikel/Partitiv/indefinites Pronomen als Bezugselement für den Relativsatz:

Je rêve	*d'un homme politique*	*qui*	*soit*	*honnête.*
Verb des Wünschens	unbestimmter Artikel + Nomen	Relativpronomen	*subjonctif*	

- **Relativsatz-Typ c:** ein Superlativ oder ein superlativischer Ausdruck löst den *subjonctif* aus:
  - *un/e des plus* + Adjektiv + Nomen
    un/e des rares + Nomen
    le premier/ la première + Nomen
    le dernier/ la dernière + Nomen
    le seul/la seule + Nomen
    l'unique + Nomen
    } + Relativpronomen
  - *C'est le seul journal qui tienne à garder son indépendance.*
    le seul journal = superlativischer Ausdruck; *qui* = Relativpronomen; *tienne* = *subjonctif*

3.6 Der Gebrauch der Zeiten

L'emploi des temps

Schematische Darstellung der Zeitenfolge im Präsens

présent
J'apprends

plus-que-parfait	***passé composé***	***présent***	***futur antérieur***	***futur***
qu'il était rentré.	*qu'il est rentré.*	*qu'il rentre.*	*qu'il sera rentré.*	*qu'il rentrera.*
	imparfait			
	qu'il rentrait.			
vorzeitig		gleichzeitig	nachzeitig	

Schematische Darstellung der Zeitenfolge in der Vergangenheit

temps du passé
J'apprenais/J'ai/J'avais appris

plus-que-parfait	*imparfait*	*conditionnel passé*	*futur dans le passé*
qu'il était rentré.	*qu'il rentrait.*	*qu'il serait rentré.*	*qu'il rentrerait. (= conditionnel)*
vorzeitig	gleichzeitig	nachzeitig	

Direkte und indirekte Rede im Präsens

1 *Véronique à sa mère: «Maman, **je** redouble.»*
2 *Véronique **dit** à sa mère **qu'elle** redouble.*

Wird eine Aussage mittelbar wiedergegeben, benutzt man die indirekte Rede. Sie wird in einem Nebensatz ausgedrückt, der durch die Konjunktion *que* eingeleitet wird. Anders als im Deutschen wird im Französischen die Zeit der direkten Rede übernommen, vorausgesetzt der Hauptsatz steht im *présent*.

Véronique à sa mère:
*«Maman, je **suis** amoureuse.»* *«Il **était** à la fête!»*

Véronique ▼ ▼
*dit à sa mère … qu'elle **est** amoureuse. … qu'il **était** à la fête.*

Bei der **Umwandlung der direkten in die indirekte Rede** ist außerdem Folgendes zu beachten:

a Das Subjekt muss dem Sinne nach verändert werden *(je → elle/il)*. Die Endung des Verbs wird entsprechend angepasst.

b Possessivbegleiter müssen ebenfalls sinngemäß verändert werden *(mon → son)*.

c Falls Objektpronomen vorhanden sind, müssen sie ebenfalls angepasst werden *(te → lui)*.

1	*Jean dit:*	*«**Je** cherche **ma** clé.»*
	Il dit	*qu'**il** cherche **sa** clé.*
2	*Paul dit à Yves:*	*«Je **te** téléphone demain.»*
	Il dit à Yves	*qu'il **lui** téléphone demain.*

Direkte und indirekte Rede in der Vergangenheit

1 *Véronique à sa mère: «Maman, **j'ai** séché les cours.»*

2 *À ce moment-là, Véronique **a dit** à sa mère **qu'elle avait** séché les cours.*

Sobald der **Hauptsatz in der Vergangenheit** angesiedelt ist, verändern sich bei der Umwandlung von der direkten zur indirekten Rede vor allem die Zeiten:

Hauptsatz in der Vergangenheit	Gliedsatz	Beziehung zum Sprechzeitpunkt
Elle a dit à sa mère	*qu'elle allait redoubler.*	gleichzeitig: ***imparfait***
Elle a dit à sa mère	*qu'elle avait séché les cours plusieurs fois.*	vorzeitig: ***plus-que-parfait***
Elle a dit à sa mère	*qu'elle ferait tout pour avoir de meilleurs résultats.*	nachzeitig: ***conditionnel I***
La mère lui a dit	*qu'elle aurait dû commencer à travailler plus tôt.*	vorzeitig in Bezug auf einen zukünftigen Zeitpunkt: ***conditionnel II***

Außerdem ergeben sich folgende Veränderungen der adverbialen Bestimmungen:

	Bezug auf die Sprechersituation	**Bezug auf einen anderen Zeitpunkt (Vergangenheit oder Zukunft)**
lokal	*ici*	*là-bas*
	Bezug auf die Sprechersituation	**Bezug auf einen anderen Zeitpunkt (Vergangenheit oder Zukunft)**
temporal		
Rückschau	*hier* *avant-hier*	*la veille* *deux jours avant*
	la semaine dernière	*la semaine passée*
	l'année dernière	*l'année passée*
	tout à l'heure	*récemment*
	il y a un mois	*un mois auparavant*
neutrale Perspektive	*maintenant* *en ce moment*	*à ce moment-là*
	aujourd'hui	*ce jour-là*
	ce soir	*le soir même* *ce soir-là*
Vorausschau	*demain*	*le lendemain*
	après-demain	*deux jours plus tard*
	samedi prochain	*le samedi suivant*
	la semaine prochaine	*la semaine suivante*
	dans un mois	*le mois suivant*
	dans dix minutes	*dix minutes plus tard*
	à l'avenir	*désormais*

4 Der komplexe Satz
Les constructions de phrases complexes

4.1 Das *gérondif* und das Partizip Präsens
Le gérondif et le participe présent

Das *gérondif*

Les Français ont pris la Bastille ***en chantant*** *la Marseillaise.*

Das *gérondif (en chantant)* ist eine nicht konjugierte Verbform, die eine zur Hauptaussage parallel laufende Handlung beschreibt.

Die Formen

- Das *gérondif* setzt sich zusammen aus:
  en + Partizip Präsens.
- Das Partizip Präsens wird gebildet aus:
  Stamm der *nous*-Form im Präsens + ***-ant***:
  - *regarder* ⇨ *nous regardons* ⇨ *en regardant*
  - *finir* ⇨ *nous finissons* ⇨ *en finissant*
  - *boire* ⇨ *nous buvons* ⇨ *en buvant*
  - *manger* ⇨ *nous mangeons* ⇨ *en mangeant*

  Drei Ausnahmen müssen Sie hierbei berücksichtigen:
  - *être* ⇨ *en étant*
  - *avoir* ⇨ *en ayant*
  - *savoir* ⇨ *en sachant*

Bei der **Verneinung** umschließen – wie beim konjugierten Verb – die jeweiligen Verneinungselemente die *gérondif*-Form des Verbs.

> *ne* *pas*
> ▼ ▼
> *En lisant les instructions, tu risques d'avoir des problèmes techniques.*
> *En* ***ne*** *prenant* ***pas*** *ses médicaments, elle a aggravé sa maladie.*

Der Gebrauch

Für die Benutzung des *gérondif* gibt es eine **Grundvoraussetzung:** Die Handlung der Hauptaussage sowie die parallel laufende Handlung muss sich auf **das gleiche Subjekt** beziehen.

> *En sortant du supermarché, j'ai rencontré Christine.*
> *Quand* ***je*** *suis sorti/e, j'ai rencontré Christine.*
> ▼ ▼
> — gleiches Subjekt —

Unter Berücksichtigung dieser wichtigen Voraussetzung ist das *gérondif* ein beliebtes stilistisches Mittel der gesprochenen und geschriebenen Sprache, mit dem adverbiale Konstruktionen verkürzt werden können. Außerdem lässt sich auf diese Weise stilistische Vielfalt erreichen (↗ die Textzusammenfassung, S. 116).
Mithilfe des *gérondif* können verschiedene Aspekte der parallelen Handlungen ausgedrückt werden. Die Tabelle auf der nächsten Seite zeigt Ihnen einige davon auf.

Aspekte der parallelen Handlung	**Beispiel**	***gérondif***
Gleichzeitigkeit	*A l'école, je répétais mes leçons* ***pendant que*** *je faisais le tour du jardin.*	*… je répétais mes leçons* ***en faisant*** *le tour du jardin.*
Art und Weise	*Elle a maigri* ***de la manière suivante****: elle a supprimé le sucre et le beurre.*	*Elle a maigri* ***en supprimant*** *le sucre et le beurre.*
Bedingung	***Si*** *tu pars à sept heures, tu devrais être là à huit heures.*	***En partant*** *à sept heures, tu devrais être là à huit heures.*
Konzession, Gegensatz	***Bien qu'****il rassure les autres chefs d'Etat, il continue à poursuivre les membres de l'opposition.*	***Tout en rassurant*** *les autres chefs d'Etat, il continue à …* (Der Gegensatz wird durch *tout* hervorgehoben.)

Das Partizip Präsens

1 *J'ai vu Marianne* ***conduisant*** *une voiture électrique.*

2 *J'ai enfin trouvé une voiture* <u>*ne*</u> ***polluant*** <u>*plus*</u> *l'environnement.*

Die Form

Die Ableitung der Verbformen für das Partizip Präsens ist die gleiche wie beim *gérondif*. Im Unterschied zum *gérondif*

a fehlt *en*:
Travaillant à l'usine, j'ai gagné très peu d'argent.

b muss das *participe présent* eine **Ergänzung** haben:
Comprenant ***son erreur****, il devient tout pâle.*

Der Gebrauch

Im Vergleich zum *gérondif* müssen zunächst zwei entscheidende Unterschiede festgehalten werden:

a Haupt- und Nebenhandlung sind **nicht parallel**, sondern auf andere Weise verknüpft:
Ne ***trouvant*** *pas de solution, elle s'est réfugiée dans le silence.*
⇧
Comme *elle ne* ***trouvait*** *pas de solution …*

b Das **Subjekt** des Hauptsatzes muss **nicht** mit dem des Nebensatzes **identisch** sein, aber das *participe présent* muss unmittelbar dem Bezugswort folgen:
Dans cette lettre tu trouveras ***les informations concernant*** *ton inscription dans une université française.*
… tu trouveras ***les informations qui concernent*** *ton inscription …*

Außerdem kann mithilfe des *participe présent*

c **Vorzeitigkeit** durch *ayant/étant* + Partizip Perfekt ausgedrückt werden:
Ayant fait *une bonne campagne électorale, la candidate de l'opposition pourrait gagner les élections.*
Après avoir fait *une bonne campagne électorale, la candidate …*

d eine **Passivkonstruktion** formuliert werden:
Etant *toujours* ***placé*** *dans les quartiers difficiles, l'inspecteur Colin a une grande expérience dans le domaine de la délinquance juvénile.*
Comme il ***a été placé*** *toujours dans les quartiers difficiles, l'inspecteur …*

4.2 Adverbialsätze und alternative Konstruktionen

Les circonstancielles et les constructions alternatives

Überblick

Adverbiale Konstruktionen sind in der schriftlichen und mündlichen Kommunikation geläufig und notwendig, um Gedankengänge nicht nur aneinanderzureihen (Hauptsatz an Hauptsatz), sondern um sie zu strukturieren und zu hierarchisieren (Hauptsatz/Nebensatz).

> *Mon copain fait les courses.* ***Puis****, je prépare le repas.*
> ⇨ ***Après que*** *mon copain a fait les courses, je prépare le repas.*

Zunächst ist es sinnvoll, sich einen Überblick über die verschieden Arten von Adverbialsätzen sowie alternativen Konstruktionen (mit jeweils einem Beispiel) zu verschaffen. Im Anschluss daran werden die einzelnen Typen von Adverbialsätzen genauer vorgestellt.

In welcher Beziehung stehen die Sätze zueinander?	Konjunktion	Präposition/Präpositionalgruppe
Kausale Beziehungen	*parce que*	*en raison de*
	Les trains ne circulent pas ***parce qu'****il y a une grève.*	*Les trains ne circulent pas* ***en raison d'****une grève.*
Finale und konsekutive Beziehungen	*pour que*	*pour*
	Je lui téléphone ***pour qu'****il vienne.*	*Je lui téléphone* ***pour*** *le prévenir.*

In welcher Beziehung stehen die Sätze zueinander?	Konjunktion	Präposition/Präpositionalgruppe
Konditionale Beziehungen	*si*	*à condition de*
	***Si** tu rentres à l'heure, tu pourras sortir.*	***A condition de** rentrer à l'heure, tu pourras sortir.*
Konzessive Beziehungen	*quoique*	*malgré*
	***Quoiqu'il** soit très malade, il continue à chanter.*	***Malgré** sa maladie, il continue à chanter.*
Modale Beziehungen	*sans que*	*sans*
	*Il est sorti **sans que** ses parents le sachent.*	*Il est sorti **sans** le consentement de ses parents.*
Temporale Beziehungen	*après que*	*après*
	***Après qu'**il soit parti, j'ai compris sa réaction.*	***Après** son départ, j'ai compris sa réaction.*

In einer Reihe von Fällen erfordert die Konjunktion den *subjonctif* (↗ S. 77). Alternative Konstruktionen sind häufig nur dann möglich, wenn in Haupt- und Nebensatz das gleiche Subjekt steht.

4.3 Kausale Beziehungen
Les circonstancielles de cause

Es geht um die Beziehung zwischen Ursache und Wirkung: Die Wirkung wird im Hauptsatz ausgedrückt, die Ursache im Nebensatz bzw. in adverbialen Bestimmungen oder Infinitiv- oder Partizipialkonstruktionen.

Adverbialsätze

OBSERVEZ	DECOUVREZ	RETENEZ
Il a de mauvais résultats ***parce qu****'il a mal travaillé.*	*parce que* (weil)	
Comme *j'ai oublié mon parapluie, j'étais toute trempée.*	*comme* (da, Nebensatz immer vorangestellt)	
Etant donné que *tu ne viens pas aux cours, tu ne pourras pas réussir.*	*étant donné que* (da ja, verstärkend)	Die Ursache ist bekannt.
Puisque *tu ne veux pas comprendre, tu dois accepter les conséquences.*	*puisque* (da, verstärkend)	
Je suis déçu de son comportement, ***d'autant plus que*** *je le prenais pour un ami.*	*d'autant plus que* (um so mehr als)	Das Ausmaß der Wirkung hängt von der Ursache ab.
Sous prétexte que *le bus ne passe pas souvent, il arrive toujours en retard.*	*sous (le) prétexte que* (unter dem Vorwand dass)	Die Ursache ist umstritten.
C'est parce qu*'il a mal travaillé* ***qu****'il a de mauvais résultats.*	*c'est parce que …* + *que*-Satz	Die Ursache wird hervorgehoben.
Elle n'est pas arrivée, ***soit qu****'elle ait manqué son train,* ***soit qu****'elle soit malade.*	*soit que … soit que …* (> *subjonctif*) (sei es, dass … sei es, dass)	Es gibt nur eine Vermutung über die Ursache.
Il a inscrit son fils au conservatoire, ***car*** *il le prend pour un génie.*	*car* (denn)	Verbindung zweier Hauptsätze

Alternative kausale Konstruktionen

OBSERVEZ	DECOUVREZ	RETENEZ
*On ne peut pas lui faire confiance **à cause de** ses absences.*	*à cause de* (wegen, aufgrund)	Präposition + Nomen
*Les trains ne circulent pas **en raison d**'une grève.*	*en raison de* (aufgrund)	
***Par suite d**'un accident, la ligne est interrompue.*	*par suite de* (infolge)	
*Elle a été renvoyée **pour** vol.*	*pour* (für, wegen)	
*Il a réussi **grâce à** son travail.*	*grâce à* (dank)	
*Il a reçu un prix **pour** son dernier film.*	*pour* (für)	
***Faute de** preuves, la police a relâché le suspect.*	*faute de* (mangels an)	
*Elle a dit cela **par** méchanceté.*	*par* (aus)	
***Sous prétexte de** maladie, elle manque toujours.*	*sous prétexte de* (unter dem Vorwand)	
***Sous prétexte d**'aider les personnes âgées, il a profité de leur faiblesse.*	*sous prétexte de* (unter dem Vorwand)	Präposition + Infinitiv
***A force de** boire trop de boissons sucrées, elle a beaucoup grossi.*	*à force de* (aufgrund dessen, dass …)	
***En refusant d**'enlever le voile islamique, les jeunes filles arabes ont des problèmes à l'école.*	*en refusant de* (etwas ablehnend)	***gérondif*** > gleiches Subjekt in Haupt- und Nebensatz

4.4 Finale und konsekutive Beziehungen

Les circonstancielles de but et de conséquence

1 *Parlez assez fort* ***pour que*** *tout le monde vous comprenne.*
2 *Préviens-moi à temps* ***de sorte que*** *je puisse préparer ta chambre.*

Im Final- bzw. Konsekutivsatz werden der Zweck bzw. die Folge angegeben, während im Hauptsatz die Art und Weise vermittelt wird, wie dies zu erreichen ist.

Finale Beziehungen

Adverbialsätze

OBSERVEZ	DECOUVREZ	RETENEZ
Je lui téléphone ***pour qu****'il vienne.*	*pour que*	Ein Ziel soll erreicht werden.
Donne-moi le numéro de téléphone ***afin que*** *je puisse la joindre.*	*afin que*	
Elle est toujours accompagnée ***de peur qu****'il y ait des aggresseurs.*	*de peur que*	Eine Folge soll vermieden werden.
L'avare cache son argent ***de crainte que*** *le monde le prenne pour quelqu'un de riche.*	*de crainte que*	
Ecris ***de façon à ce qu****'on arrive à lire ton texte.*	*de façon à ce que*	Das Ziel soll durch eine bestimmte Art und Weise erreicht werden.
Le Louvre a été agrandi ***de manière à ce qu****'on puisse voir tous les chefs-d'œuvre.*	*de manière à ce que / de sorte que*	

ATTENTION In allen diesen Konstruktionen muss der *subjonctif* gesetzt werden!

Alternative finale Konstruktionen

OBSERVEZ	DECOUVREZ	RETENEZ
Pour maigrir, Nicole ne mange plus de beurre.	*pour / afin de*	Präposition + Infinitiv
La commune fait agrandir le port ***de façon à*** *accueillir davantage de touristes.*	*de façon à / de manière à*	
J'ai mis un peu d'argent de côté ***en vue de*** *faire le tour du monde.*	*en vue de / dans l'intention de*	
Monique ne mange que des yaourts ***de peur de*** *grossir.*	*de peur de / de crainte de*	

ATTENTION Bei gleichem Subjekt in Haupt- und Nebensatz muss auf die Infinitivkonstruktion zurückgegriffen werden!

Konsekutive Beziehungen

Konsekutive Angaben nennen die Folgen, die Wirkungen einer Handlung oder eines Geschehens.

Die Tabellen auf den beiden folgenden Seiten geben einen Überblick über Konsequenzen als logische Folge oder erdachte Möglichkeit sowie über alternative konsekutive Konstruktionen.

- Die Konsequenz ist eine logische Folge ⇨ Indikativ

OBSERVEZ	DECOUVREZ	RETENEZ
Le stage m'a beaucoup plu ***si bien que*** *je recommencerai.*	*si bien que*	Konjunktion + *que* + Indikativ
Son état de santé s'empirait ***de sorte qu'****on a dû l'hospitaliser.*	*de sorte que*	
Il conduit ***de telle manière que*** *j'ai peur avec lui.*	*de telle manière que/ de telle façon que*	
J'ai ***tant d'****amis* ***que*** *je ne peux pas inviter tout le monde.*	*tant de (…)/ tellement de (…) que*	Intensitäts-adverb + Nomen/ Verb/Adj./Adv. + *que* + Indikativ
Il s'est battu avec ***un tel*** *courage* ***qu'****il a impressionné le public international.*	*un(e) tel(le) … que*	
Sa réputation est ***telle que*** *toutes les places sont déjà vendues.*	Nomen + *être* + *tel(le) que*	
La cigale a ***tant*** *chanté* ***qu'****elle n'a pas de provisions pour l'hiver.*	Verb + *tant/ tellement (…) que*	
Il est ***si timide qu'****il ne donne jamais son avis.*	*si* + Adv./Adj. + *que*	

- Die Konsequenz ist eine erdachte Möglichkeit oder eine beabsichtigte Folge ⇨ *subjonctif*

OBSERVEZ	DECOUVREZ	RETENEZ
*Il **neige trop** fort **pour que** les coureurs puissent reprendre leur course.*	Verb + *trop pour que*	Haupt- und Nebensatz haben unterschiedliche Subjekte
*Il n'est pas **assez âgé pour qu**'on puisse l'accepter.*	*assez* + Adj./Adv. *pour que*	
*Il y a **trop de** verglas **pour que** je prenne la voiture.*	*trop/assez de* + Nomen + *pour que*	

Alternative konsekutive Konstruktionen

Alternative Konstruktionen sind möglich bzw. erforderlich bei gleichem Subjekt in Haupt- und Nebensatz:

OBSERVEZ	DECOUVREZ	RETENEZ
*Il est **trop** poli **pour dire** la vérité.*	*trop … pour*	die Folge wird durch Infinitiv ausgedrückt
*Il est **assez** vieux **pour connaître** ses limites.*	*assez … pour*	
*Nous avons réservé **de manière à avoir** des places.*	*de manière à*	
*Il a travaillé **au point d'**en **tomber** malade.*	*au point de*	
*Elle ne sait pas se comporter en adulte, **d'où ses problèmes**.*	*d'où* + Nomen	die Folge wird mit *d'où* angeschlossen
*Vous bavardez trop; **c'est pourquoi** vous ne comprenez rien.*	*c'est pourquoi/ par conséquent/ en conséquence/ ainsi/alors/donc*	zwei Hauptsätze werden koordiniert

4.5 Konditionale Beziehungen

Les circonstancielles de condition

> *Si son état ne s'améliore pas, nous devrons le conduire à l'hôpital.*
> *Avec une telle grippe, je n'irai pas à l'école.*

Konditionalsätze nennen die Bedingung, unter welcher ein Zustand eintritt oder eine Handlung geschieht. Die **Bedingung** wird **im Nebensatz** ausgedrückt und die erwartete **Folge im Hauptsatz.** Konditionalangaben werden meistens durch Präpositionalgruppen ausgedrückt.

Das konditionale Satzgefüge mit *si*

> 1 ***Si*** *le train* ***arrive*** *à l'heure, je* ***serai*** *à la maison avant toi.*
> 2 ***Si*** *tu* ***comprenais*** *mes problèmes, tu* ***ferais*** *tout pour m'aider.*
> 3 ***Si*** *on* ***avait*** *su le contenu de cette lettre, on* ***aurait*** *pu éviter la catastrophe.*

Die Zeiten im Konditionalsatz folgen einem festen Schema:

***si*-Satz (nennt die Bedingung)**		**Hauptsatz (nennt die Folge)**	
1 auf die Gegenwart oder Zukunft bezogen	*présent* = erfüllbar	tatsächlich möglich	⇨ *futur* ⇨ *présent*
2 auf die Gegenwart oder Zukunft bezogen	*imparfait* = nicht erfüllbar oder unerfüllbar	unsicher, unwahrscheinlich oder unmöglich	⇨ *conditionnel I*

3 auf die Vergangenheit bezogen	*plus-que-parfait* = unerfüllbar	unmöglich	⇨ *conditionnel II*

ATTENTION Nach *si* folgt nie: Futur oder Konditional!

Diese Regeln gelten auch für **Konjunktionen**, die mit *si* kombiniert werden:

même si (selbst wenn)
sauf si (außer wenn)
comme si (als ob)
} + *imparfait* oder *plus-que-parfait*

1 ***Même si*** *tu allais à l'étranger, je te suivrais.*
2 *Elle fait* ***comme si*** *elle n'était pas là.*

Das konditionale Satzgefüge mit anderen Konjunktionen

OBSERVEZ	DECOUVREZ	RETENEZ
Au cas où *tu ne pourrais pas venir, téléphone-moi.*	*au cas où* (falls)	vorsichtig geäußerte Bedingung ⇨ *conditionnel I ou II*
Quand bien même *il pleuvrait, le match aurait lieu.*	*quand bien même* (selbst wenn)	
Je t'aiderai ***à condition que*** *tu fasses un effort.*	*à condition que* (unter der Voraussetzung, dass)	erforderliche Bedingung ⇨ *subjonctif*
Les citoyens peuvent voter ***pourvu qu'****ils aient dix-huit ans.*	*pourvu que* (vorausgesetzt, dass)	
Nous serons à l'heure ***à moins qu'****il (n') y ait un embouteillage.*	*à moins que (ne)* (es sei denn, dass)	eingeschränkte Bedingung ⇨ *subjonctif*

- *A condition que* und *à moins que (ne)* sind nur möglich, wenn Haupt- und Nebensatz verschiedene Subjekte haben, sonst muss man auf die Infinitivkonstruktion *à condition de* zurückgreifen:
  Tu pourras avoir ma voiture ***à condition de ne pas boire*** *une goutte d'alcool.*

Weitere Konditionalangaben

OBSERVEZ	DECOUVREZ	RETENEZ
En cas d'*absence, sonnez au magasin à côté.*	*en cas de* (falls, im Falle von)	Präposition + Nomen
Sans *papiers de voiture, tu risques d'avoir des problèmes.*	*sans* (ohne)	Präposition + Nomen
Avec *une telle tête, tu ne pourras pas te présenter.*	*avec* (mit)	Präposition + Nomen
A condition de *porter un gilet de sauvetage, on peut sortir en mer.*	*à condition de* (unter der Bedingung)	Präposition + Infinitiv
Il sera là ***à moins d'****être pris par une autre occupation urgente.*	*à moins de* (es sei denn)	Präposition + Infinitiv
En travaillant *davantage, tu pourras améliorer tes résultats.*	*en travaillant* (indem du arbeitest)	*gérondif*
Mets ton pull, ***sinon*** *tu vas avoir froid.*	*sinon* (ansonsten)	Konditionaladverb

ATTENTION Bei der Infinitivkonstruktion und beim *gérondif* ist das gleiche Subjekt in Haupt- und Nebensatz wieder Voraussetzung!

4.6 Konzessive Beziehungen
Les circonstancielles de concession

Bien qu'*elle soit très malade, elle s'engage* ***encore*** *beaucoup dans son travail.*

Konzessivsätze bezeichnen einen Umstand, der nicht zu der erwarteten Folge führt. Dementsprechend ist der *subjonctif* erforderlich.

Adverbialsätze

OBSERVEZ	DECOUVREZ	RETENEZ
Quoiqu'*il fasse beau, il reste à la maison.*	*quoique, bien que* (obgleich, obwohl)	Einschränkungen – allgemein – nuanciert
L'hôpital l'a laissée rentrer chez elle, ***encore qu'****elle ne soit pas tout à fait guérie.*	*encore que* (obwohl)	
Qui que *tu sois, tu dois respecter la loi.*	*qui que* (wer auch immer)	Einschränkungen bezogen auf: – Personen
Quoi qu'*elle fasse, sa mère n'est jamais contente.*	*quoi que* (was auch immer)	– Aktionen/Sachen
Où que *tu ailles, je te trouverai.*	*où que* (wo(hin) auch immer)	– Orte
Il soignait ses patients, ***quels qu'****ils soient, avec le même dévouement.*	*quel(s)/quelle(s) que* (wer auch immer)	– Qualität
Quelles que *soient leurs opinions, il faut le prendre au sérieux.*	*quel(s)/quelle(s) que* (welche(s) auch immer)	– Qualität
Si *riche* ***qu'****il soit , il devra obéir à la loi.*	*si … que* (so … er/sie auch ist)	– Eigenschaft

Alternative konzessive Konstruktionen

OBSERVEZ	DECOUVREZ	RETENEZ
*Il est sorti **malgré** le froid.*	*malgré* (trotz)	Präposition + Nomen
***En dépit de** son vertige, elle est montée.*	*en dépit de* (trotz)	
***Au risque de** vous gêner, je reste à vos côtés.*	*au risque de* (auf die Gefahr hin)	Präposition + Infinitiv
*Il n'arrête pas de l'appeler, **pourtant** elle ne décroche pas le téléphone.*	*pourtant, cependant, néanmoins* (dennoch, jedoch)	zwei Hauptsätze koordiniert – durch Adverbien
*Ce voyage était intéressant, **toutefois** il coûtait cher.*	*toutefois* (dennoch, gleichwohl)	
*Il m'a demandé de rester, je suis partie **quand même**.*	*quand même* (dennoch)	– durch nachgestellte Präpositionen
*Ce film est brutal, **mais** il attire beaucoup de spectateurs.*	*mais* (aber)	– durch Konjunktionen
*Pendant la visite, beaucoup d'enfants pleurent, **or** cet enfant-là sourit tout le temps.*	*or* (jedoch)	

4.7 Modale Beziehungen
Les circonstancielles de comparaison

> *Comme on fait son lit, on se couche.*

Der Modalsatz gibt an, wie sich das Geschehen im Hauptsatz vollzieht. Hier gibt es verschiedene Möglichkeiten: Vergleich, Art und Weise, Intensität, Mittel usw.

OBSERVEZ	DECOUVREZ	RETENEZ
***Comme** je t'ai déjà dit, je ne rentre pas avant minuit.*	*comme/ainsi que* (wie)	Vergleich
*Il parlait couramment la langue, mais il faisait **comme s'**il ne la comprenait pas.*	*comme si* (als ob)	
*Il est parti **sans que** ses parents le sachent.*	*sans que + subj.* (ohne dass)	Art und Weise
*Il est parti **sans** prévenir ses parents.*	sans + *inf.* (ohne)	Subjekt in Haupt- und Nebensatz gleich
***Plus** tu travailles, **plus** ils profiteront de toi.*	*plus …, plus* (je mehr … desto …)	Intensität
*On pouvait le libérer **dans la mesure où** il nous rendait service.*	*dans la mesure où* (insofern, als)	Mittel
*Tu comprendras le texte **au fur et à mesure que** tu avanceras dans ta lecture.*	*au fur et à mesure que* (in dem Maße wie)	
*Tu comprendras le texte **en avançant** dans la lecture.*	*gérondif* (indem)	

4.8 Temporale Beziehungen
Les circonstancielles de temps

Depuis qu'on a le courrier électronique,	→	*on communique plus facilement.*
Temporalsatz ***T***	→	Hauptaussage ***H***

Der Temporalsatz weist auf das **Zeitverhältnis** zwischen den beiden genannten Ereignissen hin.

Für den Temporalsatz sowie für die alternativen Konstruktionen gelten drei Zeitverhältnisse: Vorzeitigkeit, Gleichzeitigkeit, Nachzeitigkeit.

Adverbialsätze

OBSERVEZ	DECOUVREZ	RETENEZ
		Vorzeitigkeit
*Je prépare le repas **avant qu**'il rentre.*	*avant que + subj.*	ohne Bezug auf den Ablauf zwischen H und T
*Je regarde la télé **jusqu'à** ce **qu**'il rentre.*	*jusqu'à ce que + subj.*	mit Hinweis auf die unmittelbare Abfolge zwischen H und T
*Je lis le journal **en attendant qu**'il rentre.*	*en attendant que + subj.*	
		Gleichzeitigkeit
*Il part avec ses amis, **quand** je vais au cinéma.* *J'ai mangé au lit **lorsque** j'étais malade.* *On a sonné à la porte **au moment où** j'allais me coucher.*	*quand, lorsque, juste comme, au moment où*	mit teilweise zeitlicher Übereinstimmung

Elle faisait de la gym ***pendant que*** *son copain jouait au basket.* *Tu peux rester* ***tant que*** *tu voudras.*	*pendant que, tant que, aussi longtemps que*	mit völliger zeitlicher Übereinstimmung
Elle préparait le repas ***tandis qu'****il lisait le journal.*	*tandis que*	mit völliger zeitlicher Übereinstimmung und gegensätzlichem Sinn
		Nachzeitigkeit
On ne pouvait plus reculer ***après que*** *la décision avait été prise.*	*après que*	ohne Bezugnahme auf den Abstand zwischen H und T
Elle se lève plus tôt ***depuis qu'****elle a commencé à travailler.*	*depuis que*	mit Hinweis auf die unmittelbare Abfolge zwischen H und T
Elle consulte sa messagerie ***dès / aussitôt qu'****elle rentre.*	*dès que, aussitôt que*	

ATTENTION Die Konjunktion zur Einleitung des Adverbialsatzes hat fast immer ein *que* bei sich!

Alternative temporale Konstruktionen

Als Alternative zum Adverbialsatz gibt es verschiedene Möglichkeiten, je nachdem, ob das Subjekt in Haupt- und Nebensatz gleich ist bzw. ob eine Umwandlung zur Nominalkonstruktion möglich ist. Insgesamt sind diese Konstruktionen kürzer und stilistisch eleganter.

> ***Après qu'il a eu du succès*** *à l'école il est devenu plus équilibré.*
>
> ***Après son succès*** *à l'école, il est devenu plus équilibré.*

Infinitivkonstruktionen

OBSERVEZ	DECOUVREZ	RETENEZ
		Vorzeitigkeit
*Elle excerçait déjà ces fonctions **avant d'**être nommée directrice.*	*avant + de + infinitif*	Infinitivkonstruktion > gleiches Subjekt in Haupt- und Nebensatz
		Nachzeitigkeit
*Pierre a obtenu ce poste **après avoir passé** un concours.* *Christophe s'est inscrit au chômage **après avoir été éliminé** à ce concours.*	*après + infinitif du passé (avoir ou être)*	Infinitivkonstruktion > gleiches Subjekt in Haupt- und Nebensatz
		Gleichzeitigkeit
***En sortant** du supermarché, j'ai rencontré Christine.*	*en sortant*	*gérondif* > gleiches Subjekt in Haupt- und Nebensatz

Nominalkonstruktionen

OBSERVEZ	DECOUVREZ	RETENEZ
		Vorzeitigkeit
***Avant le retour** de sa femme, il avait rangé toute la maison.*	*retourner > le retour*	*avant + nom*; die Nominalisierung des Verbs ist möglich
		Nachzeitigkeit
***Dès la rentrée** de ma sœur, les disputes continuent.*	*rentrer > la rentrée*	*dès / après / depuis + nom*; die Nominalisierung des Verbs ist möglich

OBSERVEZ	DECOUVREZ	RETENEZ
		Gleichzeitigkeit
Pendant la préparation *à cette compétition, il s'est couché de bonne heure.*	*préparer > la préparation*	*pendant + nom;* die Nominalisierung des Verbs ist möglich

Bei der Umwandlung von einer Adverbialsatz- in eine Nominalkonstruktion wird deutlich, dass sich grammatikalisches und lexikalisches Wissen gut ergänzen (↗ die Nominalisierung, S. 48).

5 Strategien und Basisvokabular
Stratégies et lexique de base

5.1 Strategien zum Leseverstehen
Stratégies pour la compréhension des écrits

Elementare Lesestrategien

Lisez le texte et

- **a** *répondez aux questions suivantes: …*
- **b** *faites le portrait de …*
- **c** *comparez les idées-clés avec …*
- **d** *faites-en un résumé.*

Bei Texten aller Schwierigkeitsstufen geht es zunächst nicht darum, alle in dem vorliegenden Text enthaltenen Einzelheiten hundertprozentig zu verstehen und zu verarbeiten. Es gilt vielmehr, verschiedene Strategien anzuwenden, die dabei helfen, die Elemente aus einem Text herauszuziehen, die man für eine bestimmte Aufgabenstellung benötigt.

Strategie	Was ist zu tun?
Überfliegendes Lesen (grundsätzliche Vorbereitung für die weitere „Verarbeitung")	Achten Sie ▪ auf die Überschrift(en), auch innerhalb des Textes, ▪ auf begleitendes visuelles Material, ▪ auf die einleitenden Sätze, um grob das Thema zu erfassen, ▪ auf die Textsorte.
Gezieltes Lesen (bestimmte Informationen bzw. Details auffinden)	Achten Sie ▪ z. B. auf Zahlenmaterial, Orts- bzw. Zeitangaben, ▪ auf Angaben bezüglich eines bestimmten Gegenstandes, einer bestimmten Person.
Sinnerfassendes Lesen (die Hauptaussagen des Textes feststellen)	Arbeiten Sie ▪ mit den W-Fragen (Wer? Wann? Wo? Wie? Warum?), ▪ mit möglichen Schlüsselwörtern des Textes.
Detailliertes Lesen (auch Einzelheiten des Textes müssen z. B. für die Stilanalyse verstanden werden)	Achten Sie ▪ auf Satzkonstruktionen (Relativsätze, *gérondif*- oder Partizipkonstruktionen, Appositionen etc.), ▪ auf Wortableitungen (Verb → Substantiv, Substantiv → Adjektiv etc.).

5

LERNTIPP Zusätzlich zu diesen verschiedenen Strategien sollten Sie immer ihr Vorwissen mobilisieren in Bezug auf

- das Thema,
- die Namen, die im Text enthalten sind,
- bestimmte Abschnitte im Text,
- Vokabular, das Ihnen vertraut ist.

Mit diesem Vorwissen schaffen Sie sich einen Schlüssel, mit dem Sie den Text Schritt für Schritt „aufschließen" können.

Verstehensinseln schaffen

Sie werden allerdings auch immer wieder in Situationen sein, in denen Ihnen alle diese Strategien zunächst nicht helfen, weil sie ganz einfach den Text bzw. einen bestimmten Textabschnitt aufgrund des fehlenden Wortschatzes oder wegen der komplizierten Konstruktionen nicht verstehen und Ihnen das einsprachige Wörterbuch auch nicht hilft. Hier sollten Sie nicht in Panik geraten, sondern auf Ihre Fähigkeiten und auf Ihr Vorwissen bauen.

- Suchen und unterstreichen Sie ggf. Wörter, die Sie auf jeden Fall verstehen.
- Stellen Sie bei einem unbekannten Wort fest, um welche Wortart es sich handelt, welche grammatische Rolle das jeweilige Wort im Kontext spielt: Subjekt, Prädikat, adverbiale Bestimmung etc.
- Vielleicht kommen Sie durch das Weglassen einer Vor- oder Nachsilbe auf das Wort, das Sie auf jeden Fall kennen, von dort aus können Sie dann vielleicht logisch auf die Bedeutung des unbekannten Wortes schließen:
  désespérer ? > ***dés**espérer* > *espérer* = hoffen
  \+ *dés* = Gegensatz
  = *désespérer* = verzweifeln
- Suchen Sie, ob Sie Ähnlichkeiten zu einem Wort aus einer anderen Sprache herstellen können:
  la voix > *the voice*

Beispiel 1

= bekannt/ = unbekannt	**Bedeutungserschließung**
«Après, tout s'est déroulé très vite. Simon m'a proposé d'aller marcher. Ça m'a semblé la seule chose sensée à faire: marcher avec lui et parler. Marcher. Parler. Parler, marcher.	*se dérouler* → *rouler* = rollen *sensé/e* → *le sens* = Sinn
C'était comme si je retrouvais tout à coup le don de la parole après l'avoir perdu une éternité plus tôt. J'avais l'impression depuis la mort de Geneviève, qu'aucun mot ne réussirait plus à se frayer un chemin vers la sortie. […]	*retrouver* = *trouver* *le don* ← *donner*; *la parole* ← *parler*; *une éternité* → *eternity*; *aucun … ne* → *ne* = Verneinung *se frayer (?) vers la sortie* → *sortir* = hinausgehen *trouver un chemin*
Comme si tout était condamné à rester pris dans ma gorge. Incapable de dire. Et là soudain, et sans que je puisse l'arrêter, ma voix trouvait les mots, tous les mots, tous ceux qui me faisaient mal et qui me martelaient la tête depuis des jours et des semaines. Tout sortait, sans entraves ni censure.»	*dans ma gorge* → *mal à la gorge* = im Halse *ma voix* → *the voice* *faire mal* **et** *marteler (?)* = schmerzen
(*Élaine Turgeon, Ma vie ne sait pas nager, Québec Amérique jeunesse, Montréal 2006, p. 111*)	*sans entraves (?)* *ni censure* → Zensur = ohne Probleme

5

Selbst wenn Sie Wörter wie *se dérouler, se frayer un chemin, marteler, sans entraves* nicht genau übersetzen können, ist es möglich, über die aufgezeigten „Umwege" sich die jeweils ungefähre Bedeutung zu erarbeiten.

Beispiel 2

= bekannt/ = unbekannt	Bedeutungserschließung
«De l'est à l'ouest, en effet, son regard se déplaçait lentement, sans rencontrer un seul obstacle, tout le long d'une courbe parfaite. Au-dessous d'elle, les terrasses bleues et blanches de la ville arabe se chevauchaient, ensanglantées par les taches rouge sombre des piments qui séchaient au soleil. On n'y voyait personne, mais des cours intérieures montaient, avec la fumée odorante d'un café qui grillait, des voix rieuses ou des piétinements incompréhensibles. Un peu plus loin, la palmeraie, divisée en carrés inégaux par des murs d'argiles, bruissait à son sommet sous l'effet d'un vent qu'on ne sentait plus sur la terrasse.»	*le regard* ← *regarder; se déplacer* ← *la place; obstacle* (?); *sans rencontrer* = ohne zu treffen; *une courbe* → Kurve *se chevaucher* → *cheval; ensanglanté* ← *le sang* *des piments* (?) *qui séchaient* → *sec*
	Prädikat → Subjekt *des cours intérieures* = aus den Innenhöfen; *rieuses* → *rire; piétinements* → *pieds;* ***Subjekt → Prädikat*** *la palmeraie* ← *les palmes = arbres tropiques; bruissait* → bruit = Lärm; *le sommet de la montagne* = Gipfel; *un vent qu'on …* = ein Wind, den man auf der Terrasse nicht spürte, (der aber die Palmenwipfel bewegte)
(Albert Camus, «La femme adultère», texte tiré de «L'exil et le royaume», Paris 1957, pp. 25–26)	

Auch hier bleiben einige Wörter unübersetzt. Man kann sich jedoch über ihre Rolle im Text, über die gesamte Strukturierung des Textes und über Vorwissen an ihre Bedeutung herantasten: „*De l'est à l'ouest*", „*Au-dessous*", „*Un peu plus loin …*" sind Ortsangaben, die auf eine Beschreibung schließen lassen. „*Les terrasses bleues et blanches de la ville arabe*", „*rouge*", „*au soleil*" und „*on n'y voyait personne*" lassen erahnen, dass es sich um einen sehr einsamen Ort, wahrscheinlich die Wüste, handelt. „*Les palmes*" und „*le vent*" komplettieren das Bild der Kargheit und Einsamkeit, das wiederum durch „*la fumée odorante d'un café*" und „*les voix rieuses*" dahingehend abgeschwächt wird, dass dort doch ein menschliches Miteinander existiert. Im weiteren Verlauf des Textes (hier nicht abgedruckt) wird das Bild der Wüste noch weiter „aufgefüllt" durch metaphorische Wendungen wie „*le royaume des pierres*", „*l'oasis*", „*un troupeau de dromadaires*".

Genau solche Textausschnitte werden für Klausuren häufig für die Stilanalyse (↗ S. 122) ausgewählt, da in ihnen ausgesprochen viele rhetorische Mittel (*métaphore, énumération, gradation, personnification* etc.) enthalten sind.

LERNTIPP Die Strategie, sich auf diese Weise einen Text zu erschließen, entwickelt sich nur langsam. Um sie zu lernen, sollten Sie

- Vertrauen in Ihren bereits vorhandenen Wortschatz haben,
- nicht zu schnell zum zweisprachigen Wörterbuch greifen,
- sich mit anderen über deren Textverständnis verständigen.

5.2 Anleitungen zum Schreiben
Fiches d'écriture

Die Textzusammenfassung

1 *Résumez le texte.*
2 *Faites le résumé de l'extrait de texte proposé.*

Die Fähigkeit, einen Text – schriftlich oder mündlich – zusammenzufassen, wird in den verschiedensten Arbeits- und Lebenszusammenhängen benötigt. Dabei kann es sich um einen literarischen, nicht-literarischen, journalistischen oder wissenschaftlichen Text handeln.

Die vorbereitende Phase
Es ist hilfreich, sich in jedem Fall ein Verfahren anzueignen, mit dem sich zunächst die wichtigsten Elemente eines Textes aus der Vielfalt der Informationen herausfiltern lassen.

LERNTIPP Hierzu können Sie sich eine Tabelle mit Leitfragen, wie die auf der nächsten Seite, anlegen und in Stichpunkten beantworten.

Nicht in allen Fällen lässt sich von vornherein ein wichtiges Textelement von einem unwichtigen unterscheiden. Deshalb ist es besser, zunächst mehr Elemente aufzunehmen, vor allem unter den beiden Fragen *Comment ?* und *Pourquoi ?* Erst in einem zweiten Schritt lässt sich genauer feststellen, welches Detail handlungsbestimmend ist und daher genannt werden muss.

Questions:	*Prises de notes:*
Qui?	
Quoi?	
Où?	
Quand?	
Comment?	
Pourquoi?	

Die Redaktionsphase

Häufig wird Zeit damit verbracht, die richtige Formulierung für den ersten Satz zu finden und die anderen wichtigen Elemente des wiederzugebenden Textes so hintereinander zu schalten, dass der Leser/die Leserin mit der Textzusammenfassung etwas anzufangen weiß. Die folgende Schreibanleitung für das *résumé* soll dabei eine Hilfestellung sein. In der linken Spalte der Tabelle finden Sie Hinweise zur **Strukturierung** einer Zusammenfassung, in der rechten Spalte **Formulierungsangebote**.

Fiche d'écriture : rédiger un résumé

La structure	*Les mots/les expressions pour le dire*
Introduction : *Reprenez l'idée générale du texte (quel est le fil conducteur ?), à mentionner aussi le nom de l'auteur et le titre de l'article ou du livre.*	▪ *Dans ce texte, il est question de …/ il s'agit de …/on apprend qc sur …* ▪ *Le texte parle de …/traite de …* ▪ *Le texte …/le roman décrit l'histoire de …* ▪ *L'auteur/L'autrice parle de …/aborde le sujet de … /explique (pourquoi …/comment …)*
Analysez la structure globale du texte.	▪ *Le texte comprend …/est composé de … parties (f.)/paragraphes (m.).*
Suivez l'ordre des idées / des problèmes /des parties / des paragraphes du texte. *(Gardez seulement les aspects importants du texte/ ne donnez pas de détails.)*	▪ *Tout d'abord …/Pour commencer …/ Au début du texte …/Dans le premier paragraphe …/… la première partie …* ▪ *Puis, l'auteur/l'autrice nous décrit /nous explique …/Ensuite, il/elle reprend l'idée de …/Par la suite, …/Dans le deuxième paragraphe …/… le troisième paragraphe …* ▪ *Enfin …/Pour terminer … / Pour finir …/ Le texte se termine par + substantif*
Employez vos propres mots ; gardez un style neutre.	▪ *L'auteur décrit …/Le lecteur apprend quels sont les problèmes de …/ … quelles sont les expériences de …*
Utilisez le présent (même si le texte est au passé) comme temps de référence.	▪ *Par exemple : « Le petit prince continue sa visite des planètes. Un jour, il atterrit sur la planète de … »*

La structure	*Les mots/les expressions pour le dire*
Le résumé ne doit pas dépasser un tiers (1/3) du texte original; essayez d'être bref!	▪ *« Elle vend tous ses meubles. Puis, elle fait ses valises et part pour les Etats-Unis. »* ***mieux**: Après avoir vendu ses meubles, elle est prête à partir aux Etats-Unis.* ▪ *Utilisez le gérondif, le participe présent, les constructions avec l'infinitif, les nominalisations.*
Reliez vos phrases avec des mots-charnières [Bindewörter].	▪ *car, parce que, comme (au début de la phrase!), pour cette raison, par conséquent, c'est pourquoi …, de plus, en plus, il faut ajouter que, à part cela (il y a)* ▪ *comparé à, en comparaison avec, à la différence de* ▪ *mais, pourtant, cependant, malgré + nom, par contre, d'une part … d'autre part, contrairement à, au contraire de*

Die Textanalyse

1 *Etudiez la composition et les moyens linguistiques les plus importants de cette scène tirée de « L'Etranger » d'Albert Camus. Dans quelle mesure servent-ils à faire ressortir les caractéristiques de cette situation.*

2 *Etudiez le langage qu'utilise Jean dans la pièce « Les Rhinocéros ». Comment l'auteur traduit-il la transformation physique de Jean au niveau du langage? Relevez quelques exemples dans le texte.*

3 *Analysez l'attitude que l'auteur adopte vis-à-vis de Paris en vous référant à des exemples tirés du texte.*

Die Erzählperspektiven

Im Allgemeinen gibt es drei Erzähltypen. Sie unterscheiden sich hinsichtlich der Perspektive, die der Autor bzw. die Autorin eines Textes einnimmt:

OBSERVEZ

a *« Luo se lança alors dans une course effrénée, désespérée, sur les sentiers escarpés, pour rattraper la Petite Tailleuse. Au début, je le suivis de près, prenant un raccourci par les rochers. La scène ressemblait à un de mes rêves, dans lequel la Petite Tailleuse tombait dans le précipice bordant le passage dangereux. »*

(Extrait de « Balzac et la Petite Tailleuse chinoise » de Dai Sijie, Paris 2000, p. 225)

b *« Il y avait une fois sur la rive gauche de la Loire, en face de Blois qu'on appelle ‹ en Vienne ›, deux retraités qui habitaient un ancien pavillon de garde juste à la limite de la forêt de Russy. C'était la dernière maison, à l'écart, mais ils ne recherchaient pas le voisinage et les voisins ne les recherchaient pas non plus. Sans être méchants, ils n'arrêtaient pas de ronchonner et de maugréer. »*

(Extrait de « La nuit des souhaits », tiré de « Le secret du roi des serpents » de Jean-François Deniau, Paris 1993, p. 71)

c *« Une mouche maigre tournait, depuis un moment, dans l'autocar aux glaces pourtant relevées. Insolite, elle allait et venait sans bruit, d'un vol exténué. Janine la perdit de vue, puis la vit atterrir sur la main immobile de son mari. Il faisait froid. [...] Janine regarda son mari. »*

(Extrait de « La femme adultère » tiré de « L'exil et le royaume » d'Albert Camus, Paris 1957, p. 11)

Fiche d'écriture : les trois types de narration

OBSERVEZ	DECOUVREZ	RETENEZ
a *« … **je** le suivis de près … »* *« La scène ressemblait à un de **mes** rêves … »*	*Le narrateur/La narratrice raconte ce qu'il/elle a vécu, observé ou appris d'autres personnages. Le fait que l'histoire est racontée par un narrateur-personnage souligne l'idée qu'il s'agit d'une histoire vraie.*	L'auteur/L'autrice adopte **la perspective d'un narrateur-personnage.**
b *« Sans être méchants, **ils n'arrêtaient pas** de ronchonner et de maugréer. »*	*Le narrateur/La narratrice se trouve dans une position supérieure à celle de ses personnages. Son point de vue est celui d'un observateur objectif.*	L'auteur/L'autrice adopte **la perspective d'un narrateur omniscient.**
c *« **Janine la perdit de vue** puis **la vit atterrir** sur la main immobile de **son mari.** »*	*Dans le récit, on ne trouve aucune trace d'un narrateur. Le texte n'apparaît pas comme une fiction, mais comme une reproduction de la réalité. Le narrateur/La narratrice s'efface devant les objets et les personnages.*	L'auteur/L'autrice adopte **la perspective d'un narrateur invisible.**

Die Stilanalyse

Insbesondere wenn wir einen fiktionalen Text lesen, entsteht vor unserem geistigen Auge ein bestimmtes Bild, eine bestimmte Vorstellung fast so, wie wenn wir einen Film sehen bzw. auch einer Situation in der Realität beiwohnen. Über eine Romanfigur sagen wir beispielsweise: Sie ist abscheulich, liebevoll, zurückhaltend usw. Wir vergessen dabei, dass alle unsere Eindrücke und Gefühle nicht durch die Realität hervorgerufen wurden, sondern einzig und allein durch „die Feder" des Autors/der Autorin. Diese Täuschung wird erzeugt durch eine ganz bestimmte Wortwahl, durch verschiedenste Satzkonstruktionen und natürlich auch die Perspektive (↗ die Erzählperspektiven, S. 120 f.).

Die folgende Tabelle gibt einen Überblick über die wichtigsten Stilmittel – *les moyens stylistiques, les figures de style, les moyens rhétoriques* –, mit denen der Autor/die Autorin genau diese „Illusion" produziert. Die Kenntnis der Stilmittel ist kein Selbstzweck, sondern hilft, den Gehalt eines Textes deutlicher erkennen und schätzen zu können (↗ *fiche d'écriture,* S. 123–126).

Fiche d'écriture: les figures de style

Figure	*Définition*	*Exemples*	*Effet chez les lecteurs*
allitération (f.)	*répétition des mêmes sonorités au début de plusieurs syllabes ou mots*	*«Sa **m**aigre **m**ain **m**itainée» (A. Gide); «**V**ittel **v**ous aide à retrouver la **v**italité qui est en **v**ous.» (Publicité)*	*produire une harmonie imitative ou suggestive; créer un effet de martèlement* (Hämmern)
anaphore (f.)	*répétition du même mot en tête de phrases ou des membres d'une phrase*	*«**M**eilleurs sont les grains. **M**eilleur est le café.» (Publicité)*	*attirer l'attention sur un mot; souligner une unique pensée; donner un rythme*
allusion (f.)	*évocation d'une chose sans la dire explicitement*	*«J'ai eu chaud place de la paix. Dix mille degrés sur la place de la paix.» (M. Duras parle d'Hiroshima, de la bombe atomique.)*	*proposer deux significations qui s'enrichissent l'une l'autre; l'une est explicite, l'autre implicite*
antithèse (f.)	*opposition de deux pensées, de deux expressions que l'on rapproche pour mieux en faire ressortir le contraste*	*La nature est grande dans les petites choses.*	*pour faire ressortir le contraste*
apostrophe (f.)	*on s'adresse directement à une personne ou une chose personnifiée*	*«Ô Satan, prends pitié de ma longue misère.» (Ch. Baudelaire)*	*émotions profondes; effet de surprise*

5

Figure	*Définition*	*Exemples*	*Effet chez les lecteurs*
comparaison (f.)	*rapport établi entre un objet et un autre terme dans le langage*	*riche comme Crésus, malin comme un singe, beau comme le jour …*	*enrichir le sens de significations nouvelles, proposer une nouvelle vision des choses*
métaphore (f.)	*souligner une certaine ressemblance entre deux réalités (sans terme comparatif)*	*le printemps de la vie (la jeunesse); la racine du mal (la cause); la source du chagrin (l'origine)*	*rendre une idée plus expressive et plus poétique; éveiller l'imagination*
symbole (m.)	*objet concret auquel la tradition culturelle attribue un sens particulier*	*La colombe est le symbole de la paix.*	*enrichir le sens en faisant appel à l'imagination concrète*
ellipse (f.)	*suppression d'un ou de plusieurs mots qui ne sont pas indispensables à la compréhension de la phrase*	*Delicieux vos gâteaux! Finies les vacances! Je fais mon travail et lui le sien.*	*exprimer la vivacité, la spontanéité, donner au texte une énergie particulière*
énumération (f.)	*permettre de passer en revue divers aspects d'une réalité en additionnant des mots de même nature*	*« C'était l'heure où les bêtes de proie, les loups, les renards, les martres rôdeuses se levaient des fourrés. » (R. Bazin)*	*rendre les descriptions plus détaillées et plus précises*

Figure	*Définition*	*Exemples*	*Effet chez les lecteurs*
gradation (f.)	*la disposition de termes dans un ordre de valeur croissant et décroissant*	***croissant:*** *« Sous le coup du chômage, le tissu social du pays est en train de se déchirer, famille par famille, immeuble par immeuble, quartier par quartier. » (Yann de l'Écotais)* ***décroissant:*** *« Un livre, une page, une phrase, que nous avons lue, c'est assez parfois pour nous faire rêver. » (Marcelle Auclair)*	*présenter une évolution, créer une attente, créer de la tension*
hyperbole (f.)	*expressions éxagérées pour frapper l'esprit*	*verser des torrents de larmes (pleurer beaucoup); un géant (un grand homme)*	*créer un effet de surprise; intensifier l'expression d'un sentiment*
euphémisme (m.)	*présentation d'une réalité brutale en atténuant son expression*	*s'en aller (pour: mourir), n'être plus jeune (pour: être vieux) etc.*	*déguiser une réalité, masquer une vérité, écarter des conflits*
litote (f.)	*expression atténuée: dire moins pour faire entendre plus*	*Vous êtes bien peu patient! (pour: vous êtes impatient) Ce n'est pas mauvais! (pour: c'est bien)*	*établir une complicité avec son public; faciliter la nuance; permettre l'humour et l'ironie*

Figure	*Définition*	*Exemples*	*Effet chez les lecteurs*
paraтaxe (f.)	*deux ou plusieurs phrases entre lesquelles il n'y a pas de rapport logique*	*Vous viendrez, j'espère. (J'espère que vous viendrez.) Je ne leur fais pas confiance aveuglément. Trop impulsifs. Faut s'en méfier.*	*la parataxe est typique de la langue parlée*
paraphrase (f.)	*reprendre ce qui a déjà été exposé sous une forme plus étendue et diffuse*	*C'est une rue très animée, une rue où la circulation n'arrête jamais, où les magasins restent longtemps ouverts.*	*décrire de manière plus détaillée*
périphrase (f.)	*remplacer le mot propre par une suite de mots*	*l'astre de la nuit (pour : la lune). C'était l'heure tranquille où les lions vont boire (pour : le soir).*	*donner plus de force à une idée, produire des images, embellir (ou : le contraire : déprécier) une réalité*
personnification (f.)	*représentation d'un objet, d'une idée, d'un animal avec les traits, les sentiments, les comportements d'une personne*	*Même **le nuage**, haut dans l'azur, **a mis un voile sur sa figure**. (F. Leclerc)*	*animer certaines descriptions ; introduire un peu de fantastique*
question oratoire (f.)	*poser une « fausse » question sans attendre de réponse*	*Crois-tu que je ne l'ai pas remarqué ?*	*introduire un raisonnement*

Die französische Zitierweise

Nützliche Abkürzungen	***Abréviations utiles***
s. o.	*v.p.h. (voir plus haut)*
s. u.	*v.p.b. (voir plus bas)*
usw.	*etc. (et cetera)*
Zeile / Zeilen	*l. (ligne) / ll. (lignes)*
S. / Seiten	*p. (page) / pp. (pages)*
vgl.	*cf. (confer, lat.)*
f. (folgende Zeile/Seite)	*sq. (sequens, lat.)*
Werk	*op. (opus, lat.)*
ebenda	*ibid. / id. (ibidem, lat. ; dans le même texte)*

Zitierbeispiele am Ende der Seite	***Exemples de citations en bas de la page***
Vgl. A. Camus, Der Mythos des Sisyphos (Paris 1942), Seiten 43 ff.	*Cf. A. Camus, Le Mythe de Sisyphe (Paris 1942), pp. 43 sqq.*
Vgl. Edith Fournier, Samuel Beckett mathématicien et poète, in: Critique, Heft-Nr. 519–520 (August-September 1990).	*Cf. Edith Fournier, Samuel Beckett mathématicien et poète, dans : Critique n° 519–20 (août-septembre 1990).*
Dies entspricht genau dem Begriff „…“, den Edith Fournier gebraucht; ebenda, S. 669.	*Ce qui correspond à la formule de « … » qu'emploie Edith Fournier ; id., p. 669.*

Die Personenbeschreibung

In verschiedenen Kommunikationssituationen kann es erforderlich sein, Personen zu beschreiben. Je größer und differenzierter der Wortschatz ist, desto präziser wird die Personenbeschreibung ausfallen. Nachfolgend ist die wichtigste Lexik für diesen Zweck zusammengestellt. Es ist sinnvoll, die Tabellen so anzulegen, dass Sie sie durch neues Vokabular ergänzen können.

Das äußere Erscheinungsbild

das Aussehen ***l'apparence (f.) physique, l'aspect (m.) physique***			
↔			
die Schönheit	***la beauté***	***la laideur***	**die Hässlichkeit**
schön	*beau/bel/belle*	*laid/e*	hässlich
hübsch	*joli/e*		
die Größe	***la taille***		
groß	*grand/e*	*petit/e*	klein
das Gewicht	***le poids***		
dick	*gros/se*	*mince*	dünn
fett	*gras/se*	*maigre*	mager
stark, kräftig	*fort/e*	*menu/e*	zierlich
das Alter	***l'âge** m.*		
alt	*âgé/e* *vieux/vieil/vieille*	*jeune*	jung
das Haar	***les cheveux** m.*		
lang	*long/ue*	*court/e*	kurz
blond	*blond/e*	*roux/rousse*	rothaarig
		brun/e	dunkelhaarig
lange Haare haben	*avoir **les** cheveux longs*	*avoir **les** cheveux courts*	kurze Haare haben

Die seelische Verfassung, Gefühle, Charakterzüge

	↔		
berührt	*ému/e par touché/e par*	*froid/e*	kalt
freundlich, liebenswert	*aimable*	*peu aimable*	unfreundlich
		arrogant/e	arrogant
		agressif/-ve	aggressiv
		brutal/e	brutal
fröhlich	*joyeux/-euse gai/e*	*abattu/e*	nieder-geschlagen
gefühlvoll	*sensible*	*insensible (à)*	unsensibel
glücklich	*heureux/-euse*	*malheureux/-euse*	unglücklich
gut gelaunt	*être de bonne humeur*	*être de mau-vaise humeur*	schlecht gelaunt
interessiert	*intéressé/e*	*indifférent/e*	uninteressiert
mutig	*courageux/-euse*	*découragé/e*	entmutigt
		timide	schüchtern
naiv	*naïf/-ve*	*malicieux/-euse*	gerissen
nett	*gentil/le*	*méchant/e*	böse
offen	*ouvert/e (envers qn)*	*renfermé/e*	verschlossen
optimistisch	*optimiste*	*pessimiste*	pessimistisch
ruhig	*calme*	*inquiet/-iète*	unruhig
		irrité/e	beunruhigt
selbstsicher	*sûr/e de soi*	*peu sûr/e de soi*	unsicher
stark	*fort/e*	*faible*	schwach
unschuldig	*innocent/e*	*coupable*	schuldig
zufrieden	*content/e*	*mécontent/e*	unzufrieden
zuversichtlich	*confiant/e*	*anxieux/-euse*	ängstlich

Im Folgenden finden Sie noch einige idiomatische Wendungen, die stets in Personenbeschreibungen vorkommen:

Ausdruck dt.	Ausdruck frz.	Beispiel
glücklich/traurig/ krank … aussehen	*avoir l'air content/triste/ malade* → *avoir l'air + adj.*	*Tu* ***as l'air content*** *ce matin.*
aussehen wie ein Clown/…	*avoir l'air d'un clown/…* → *avoir l'air de + art. indéf. + nom*	*Il* ***a l'air d'****un clown.*
sich als mutig/ängstlich/… erweisen	*se montrer courageux/ anxieux/…* → *se montrer + adj.*	*Ils* ***se sont montrés*** *très courageux.*
sich unwohl / sich überlegen / sich unterlegen } fühlen	*se sentir* *mal à l'aise* *supérieur/e à qn* *inférieur/e à qn*	*Dans cette situation, elle* ***s'est sentie très mal à l'aise****.* *Il* ***se sent supérieur à*** *son adversaire.* *Elle* ***se sent inférieure*** *à sa copine.*
Hass/Liebe/Freundschaft/Mitleid empfinden für jdn.	*éprouver de la haine / de l'amour / de l'amitié / de la pitié } pour qn*	*La protagoniste* ***éprouve de la haine*** *pour son père.*

Die Schreibanleitung

Sehr häufig wird in Klausuren die Aufgabe gestellt:

> *Faites le portrait du protagoniste/du personnage secondaire/…*

Die nachfolgende Tabelle liefert Ihnen eine Art Regieanweisung, nach der Sie ein Personenporträt verfassen können.

Fiche d'écriture : rédiger le portrait d'un personnage

La structure	*Les mots/les expressions pour le dire*
Avant la rédaction du texte : ■ *relevez dans le texte proposé tous les détails concernant les aspects physiques et psychiques du personnage en question ;* ■ *comparez le personnage en question avec d'autres personnages du texte ;* ■ *faites un plan de toutes les indications dont vous allez parler dans votre texte.*	*[Soulignez dans le texte ou copiez sur une feuille toutes les indications importantes pour la rédaction d'un portrait.]*
Présentation globale du personnage dans son contexte fictif	*Le personnage principal/Le personnage secondaire du roman/de la nouvelle … est un homme/une femme qui a … ans.* *Il/Elle est … (description de son apparence physique)* *Il/Elle vit seul, e/avec sa famille/avec des amis …* *Souvent, il/elle a un comportement …/En général, il/elle est … (description globale de ses traits caractéristiques)*
Analyse précise de certains détails importants (cf. la consigne) : ■ *rapport avec d'autres personnages ;* ■ *comportement « typique » dans certaines situations ;* ■ *états d'âme/émotions.* *Appuyez votre analyse par des citations ou par la présentation de situations exemplaires.*	*Dans son rapport avec …, on peut constater que … est un personnage …/qui réagit de manière …* *Chaque fois quand il/elle …, il/elle se comporte de manière …/il/elle a l'air (de) …* *Suite à [la mort de …], il/elle réagit …/il/elle est devenu, e …* *Dans la situation de …, on peut remarquer que …/A partir de cette citation, on peut dire que …*
Raisonnement progressif (procédez par étapes) et logique qui mène finalement à une conclusion convaincante ; suivant la consigne, une prise de position est possible.	*Petit à petit, le lecteur se rend compte que X est …/Pour finir, on peut dire/constater/conclure que …*
A éviter : des paraphrases et des répétitions. Travaillez avec le lexique que vous maîtrisez.	

Der Kommentar

1 *Albert Camus a passé sa jeunesse en Algérie, mais a fait sa carrière universitaire et professionnelle en France. Comment cette donnée se traduit-elle dans ses œuvres littéraires ?*

2 *Avec « Une affaire de femme », Claude Chabrol a créé un film sur l'Occupation en France, quarante-trois ans après la fin de la Deuxième Guerre mondiale. Quel a été son objectif ?*

Donnez votre avis.

Aufforderungen dieser Art, seine persönliche Meinung mit den Kenntnissen über ein bestimmtes Werk, einen bestimmten Autor, eine bestimmte Epoche zu verbinden, stellen meistens den dritten Teil einer **Klausur** dar. Hier wird erwartet, dass man seine eigene Position zu der behandelten Thematik einbringt. Dabei ist es aber auch wichtig, den gerade bearbeiteten Text bzw. den im Unterricht behandelten Stoff im Auge zu behalten und dies als Bezugspunkt anzugeben.
Es ist bei der knapp bemessenen Zeit einer Klausur nicht einfach, alle Ideen, Kenntnissen und Meinungen so zu strukturieren, dass daraus schließlich ein überzeugender Text wird. Die nachfolgenden Seiten geben Ihnen eine Anleitung, wie Sie am besten vorgehen.

■ Erster Schritt:
Sammeln Sie zunächst alle Ideen, Gedanken, Informationsfetzen in einem Gedankenraster *(matrice de réflexion argumentative)*, (↗ *fiche de travail*, S. 133):

Fiche de travail : matrice de réflexion argumentative

Arguments choisis formulés en prise de notes	*Réflexion personnelle sur le type d'arguments choisis*

Fiche d'écriture : rédiger un commentaire

La structure du texte	*Les locutions/les connecteurs pour le dire*
Introduction : *Commencez par une amorce [Aufhänger], une phrase qui résume votre position que vous préciserez par la suite.*	*d'après moi.../à mon avis .../selon moi .../selon mon expérience ... avant d'aborder l'analyse du texte, il faut .../avant d'entrer en détail* *commençons par .../la première remarque portera sur ...*
Développez votre raisonnement par ■ *une thèse (pour/contre)* ■ *des arguments précis* ■ *des exemples* ■ *des comparaisons* ■ *des conséquences.*	*je suis pour .../je partage l'idée que .../il n'est pas surprenant que ...* *je suis contre .../je rejette l'idée que .../je n'accepte pas ...* *c'est pourquoi/pour cette raison/ à cause de cela/de manière que/ car ...* *au contraire de .../à la différence de .../par contre .../cependant ...* *cela veut dire que .../... cela signifie que .../d'une part ... d'autre part/une preuve/un exemple/une raison est que /de plus .../à cela s'ajoute ...* *plus de ... que/aussi + adj/adv. que/comme/ainsi que .../moins que ...* *par conséquent .../il en résulte .../donc ...*
Argumentez de manière claire, logique, pertinente et convaincante ; citez des exemples.	*on peut constater une ressemblance/une analogie/un parallèle/ un rapport entre ...* *... me fait penser à .../je pense/je suis persuadé/je suis convaincu, e que ...* *... ce qui est particulièrement souligné/accentué par ...*
Soignez la présentation des commentaires en faisant des paragraphes que vous introduisez par des mots/expressions charnières.	*après avoir souligné ... je me concentre sur .../passons à .../ examinons maintenant .../il faut préciser que ...*
Terminez par une conclusion.	*en somme .../finalement .../pour terminer, on peut dire que .../en conclusion, on peut constater ...*

- Zweiter Schritt:

Filtern Sie aus den auf diese Weise festgehaltenen Gedanken die Leitidee bzw. den Ausgangspunkt heraus und bringen Sie die anderen Gedanken – je nach Gewichtung – in eine Ordnung. Wichtig ist es, bereits hier mögliche Beispiele oder Textbelege zu notieren, damit Sie sie später bei der Niederschrift abrufen können.

- Dritter Schritt:

Verfassen Sie einen Text mithilfe der vorstehenden Anleitung (↗ *fiche d'écriture*, S. 134).

Der innere Monolog

1 *Après être invitée au café par ses camarades de classe, Anne Jelloud se pose des questions. Quelles sont les vraies raisons de cette invitation?*

Rédigez son monologue intérieur.

(Marie Féraud: «Anne ici – Sélima là-bas», Paris/Louvain-la-Neuve 1986)

2 *Par son collègue, Mourad apprend que M. Sabbane a téléphoné pour savoir ce qu'il en est de son dossier. Avant de le rappeler, Mourad réfléchit à ce qu'il va dire.*

Rédigez son monologue intérieur au cours duquel il prendra une décision.

(Tahar Ben Jelloun: «L'homme rompu», Paris 1994)

Bei einer solchen kreativen Textproduktion ist man weit weniger an feste und logisch aufeinanderaufbauende Strukturen gebunden als bei anderen Textsorten:

- Es geht darum, innere Gedanken, Gefühle, Eindrücke und Auffassungen der bereits existierenden literarischen oder auch zu erfindenden Person darzustellen.

- Gedankliche Sprünge bzw. auch Rückblenden sind nicht nur erlaubt, sondern auch erwünscht.
- Die Anforderungen an Sie liegen demnach eher im Bereich der richtigen Wortwahl und des Sprachregisters, mit dem es Ihnen gelingt, diese Person lebendig und authentisch werden zu lassen.
- Dennoch ist es wichtig, wesentliche Elemente der Textvorlage zu berücksichtigen und sich auf sie zu beziehen, damit eine gewisse Übereinstimmung zwischen dem Originaltext und dem zu erfindenden Text hergestellt werden kann. (↗ *fiche d'écriture*, S. 136–137)

Fiche d'écriture : écrire un monologue intérieur

La structure	*Les mots/les expressions pour le dire*
Vous utilisez donc la première personne.	*Je …*
Vous exprimez votre refus d'une situation donnée.	*refuser, repousser, rejeter, désapprouver, reprocher, être d'un autre avis, remettre en question, trouver à redire, conserver, garder/prendre ses distances vis-à-vis de qn, par rapport à …*
Vous exprimez votre accord avec qn/une situation.	*accepter, approuver, être d'accord avec qn, partager l'opinion/l'avis/les vues de …*
Vous exprimez vos sentiments.	*craindre, déplorer, être désolé/e, détester, s'étonner, être furieux/-ieuse, avoir honte, être indigné/e, être mécontent/e, avoir peur, être ravi/e, redouter, regretter, être surpris/e* **+ que + subjonctif**
Vous vous posez des questions, souvent sous forme elliptique. *Vous pouvez utiliser des questions rhétoriques.*	*Est-ce qu'elle arrivera ?* *Arrivera-t-elle ? Suis-je bête ?* *Que dois-je faire ?* *Que faire ? Comment réagir ?* *Où aller ?*

La structure	*Les mots/les expressions pour le dire*
Attention au niveau de langue!	*Est-ce que je rêve? Dans quelle situation suis-je tombé? Mais de quoi se mêle-t-il?*
Vous utilisez des énoncés.	*Que cette journée passera vite! Quelle honte! Je me suis couvert de ridicule!* *Vive le repos! Que la pluie arrive finalement! Qu'il pleuve finalement!* *Zut! Bof! Ça alors! Non! Oui!*
Vous pouvez utiliser des injures – mais attention: *Restez dans le niveau de langue du personnage !*	*Frimeur! Con/ne! Salaud!* *Abruti! Taré! Garce! Imbécile!* *Ta gueule! Va te faire foutre!* *Elle m'emmerde, celle-là!*
Vous pensez à ce qui s'est passé.	*à l'époque, à cette époque-là, autrefois, auparavant, dans les années 90, ces dernières années, ces derniers temps, dans le passé, jadis* + ***imparfait***
Vous vous référez au présent.	*actuellement, en ce moment, de nos jours, à présent, maintenant, à notre époque* + ***présent***
Vous réfléchissez à ce qui va se passer.	*à une date ultérieure, dans les années/les mois à venir, désormais, d'ici peu, d'ici une semaine* + ***futur/conditionnel***

Der offizielle Brief

Sie wollen an einem Sommerkurs in Frankreich teilnehmen? Sie interessieren sich für ein Praktikum in Zusammenarbeit mit dem Deutsch-Französischen Jugendwerk? Sie benötigen eine Auskunft über die Anerkennung Ihres bisherigen Studienganges in Frankreich? In allen diesen Fällen geht es nicht nur darum, dass Sie Ihr Anliegen deutlich darstellen. Der Brief ist darüber hinaus auch eine Art „Aushängeschild" Ihrer Fähigkeiten, mit dem Sie zeigen, dass Sie das „Klavier der gesellschaftlichen Spielregeln" beherrschen.

Wenn Sie sich die wichtigsten formalen und sprachlichen Elemente eines solchen Briefes einmal vergegenwärtigen, ist es gar nicht so schwierig, diesen Anforderungen zu entsprechen.

Der formale Aufbau des französischen Briefes

adresse de l'expéditeur ____________________ *adresse du destinataire* ____________________

____________________ ____________________

la date ______________

formule d'adresse/d'appel,

texte central de la lettre ______________________________

____

____

____

____

____

formule de clôture et de politesse ____________________

____

pièces jointes __________ *signature* ______________

ATTENTION Der französische Brief weist einige deutliche Unterschiede zum deutschen Brief auf:

- *Die Position des Empfängers und des Absenders ist genau umgekehrt.*
- Das Datum befindet sich auf der rechten Seite, ist aber leicht zur Mitte gerückt.
- Nach der Begrüßungsformel wird auf der neuen Zeile mit einem Großbuchstaben begonnen.
- Die Abschlussformel schließt sich unmittelbar an den Haupttext an.
- Die Unterschrift befindet sich auf der rechten Seite, auf der gleichen Höhe mit dem Hinweis auf Anlagen.

Der inhaltliche Aufbau und die Formulierungen

In Bezug auf den inhaltlichen Aufbau und die sprachlichen wie stilistischen Formulierungen eines französischen Briefes können Sie sich an der folgenden Fiche d'écriture orientieren.

Fiche d'écriture : rédiger une lettre officielle

La structure du texte	*Les mots/les expressions pour le dire*
La formule d'adresse : *Vous vous adressez à un correspondant/une correspondante que vous ne connaissez pas. (Après la formule d'adresse, vous continuez avec une majuscule.)*	 *Madame, .../Monsieur, .../* *Mesdames et messieurs, ...* *Madame la Directrice, .../* *Monsieur le Directeur, ...* *Chère Madame, .../* *Cher Monsieur, ... (= Au cas où vous connaissez déjà bien la personne.)*

La structure du texte	*Les mots/les expressions pour le dire*
Le début de la lettre (dépend de la situation concrète):	
Vous dites comment vous connaissez le destinataire.	*J'ai eu/obtenu/reçu vos coordonnées par …*
Vous vous présentez.	*Après avoir + activité (p. ex. effectué un stage en France), je cherche …/… je suis à la recherche de …/… j'aimerais bien m'inscrire dans …/… j'aimerais bien vous présenter …*
Vous exprimez des remerciements.	*Je vous remercie …/Nous vous remercions de votre lettre/réponse du …*
Vous vous référez à l'événement/au sujet/au problème en question.	*Nous avons bien reçu votre lettre du …* *Suite à votre lettre/appel/à notre conversation du …, j'aimerais …*
Exprimer une	
■ *une idée, une proposition*	*Concernant + nom (p.ex. les échanges entre …), j'aimerais bien vous proposer …*
■ *une demande*	*Je vous prie de …/Puis-je vous demander de …/Je vous serais très reconnaissant/e de …*
Mentionner les pièces jointes [Anlagen]	*Vous trouverez ci-joint mon C.V./ma conception de …/Veuillez trouver ci-joint …*
La formule de clôture	*En vous remerciant d'avance/par avance, je vous prie d'agréer …* *En attendant votre réponse, je vous …* *Dans l'attente de votre réponse, …/Dans l'espoir d'une réponse, …*

La structure du texte	***Les mots/les expressions pour le dire***
La formule de politesse	*Je vous prie d'agréer, Madame/Monsieur, l'expression des mes sentiments respectueux/distingués.* *Recevez Madame/Monsieur l'expression de mes sentiments les meilleurs.* *Je vous adresse, chère Madame/cher Monsieur, mes salutations cordiales. (= Au cas où vous connaissez déjà bien la personne.)*

5.3 Strategien zum Hörverstehen
Stratégies pour la compréhension orale

Allgemeine Hörverständnisstrategien

Ecoutez le texte et

a *répondez aux questions suivantes: …*
b *tirez-en les idées principales.*
c *faites-en un résumé.*

Die Fähigkeit zum Hörverstehen ist eine wesentliche **Voraussetzung zu mündlicher Kommunikation** überhaupt. Deshalb muss diese Fertigkeit von Anfang an trainiert werden.
In diesem Kapitel steht vor allem die Fähigkeit im Mittelpunkt, einen längeren mündlich vorgetragenen Text (Vortrag, Radio-, Fernseh-Beitrag) zu erfassen. Anders als beim Lesen hat man in der Praxis meist nicht die Möglichkeit, den gerade gehörten Text noch einmal zu hören – obwohl uns in der jüngsten Zeit das Internet mehr und mehr Möglichkeiten auch zum mehrmaligen Hören bietet.

LERNTIPP Welche grundsätzlichen Strategien kann man sich aneignen, um auch bei schnell gesprochenen Texten Informationen aufnehmen zu können?

- Keine panischen Reaktionen („Ich verstehe gar nichts!"), sondern sich „einhören" und nicht aufgeben!
- Namen, Begriffe, Internationalismen aufnehmen, um eine Idee zu bekommen, wovon der Text handeln könnte,
- dazu Vorwissen mobilisieren und
- überprüfen, inwieweit Ihr Vorwissen Ihnen für das weitere Verständnis helfen kann.

- Auf Wiederholungen, die in einem gesprochenen Text häufiger vorkommen, achten, um daraus Ihnen bekanntes Vokabular zu nutzen.
- Schlüsselwörter notieren, um unverstandene Passagen zu überbrücken und logische Schlüsse in Bezug auf die wesentliche Aussage des Textes machen zu können.

Ohne Training helfen dieses Strategien jedoch nicht. Deshalb sollten Sie alle modernen technologischen Möglichkeiten nutzen, um – unabhängig vom Unterrichtsangebot – das Hörverständnis zu trainieren:

1. Die Fernsehsender ARTE, TV 5 und die Rundfunkstation RFI bieten ein breites Übungsfeld an (TV 5 und RFI sogar mit didaktisiertem Material).
2. Über das Internet können Sie alle frankophonen Rundfunk- und Fernsehsender empfangen; hier werden immer Sendungen zum mehrmaligen Hören bzw. Sehen angeboten; häufig lassen sie sich auch auf die Festplatte laden.
3. Französische Dokumentar- und Spielfilme auf DVD sind zu erschwinglichen Preisen erhältlich. Meistens lassen sich bei diesen Filmen die französischsprachigen Untertitel einblenden.
4. Legen Sie einen Zeitpunkt am Tag fest, an dem Sie dieses „Training" durchführen: 15 bis 30 Minuten helfen bereits. Vielleicht finden Sie sogar „Geschmack" an einer bestimmten Sendung, sodass der Übungscharakter dieser Aktion mehr und mehr in den Hintergrund gedrängt wird.
5. Wenn Sie sich eine Sendung mehrfach anhören bzw. -sehen können, ist es sinnvoll, die gleichen Übungsfolgen wie beim Leseverstehen anzuwenden (↗ S. 110 ff.).

5.4 Anleitungen zum Sprechen
Stratégies pour la production orale

Der Vortrag

1 *Les émeutes dans les banlieues en France – un problème qui se reproduit?*

2 *Une entreprise française en Allemagne – quels sont les enjeux interculturels?*

Aufgabenstellungen dieser Art können im Rahmen des laufenden Oberstufenunterrichts oder auch in Präsentationsprüfungen im Rahmen des Abiturs gestellt werden. Welche Leistungen werden dabei erwartet, und wie kann man sich darauf vorbereiten?

Leistungsanforderungen

Nach einer bestimmten Vorbereitungszeit, bei der Sie sich selbstständig Wissen aneignen, Informationen zusammenstellen und auswerten, tragen Sie Ihre Erkenntnisse und Einschätzungen frei und zusammenhängend vor. Das bedeutet:

- freies Sprechen (nicht auswendig gelernt und einstudiert),
- adressatengerechte Vermittlung der Kenntnisse,
- spontane Reaktion auf Zwischenfragen,
- Aussprache und Intonation weitgehend an der Standardsprache orientiert,
- Pausen und gelegentliche Fehler können noch auftreten; sie beeinträchtigen jedoch nicht die Verständlichkeit.

Wie kann man sich auf diese Anforderungen vorbereiten?

Das Training zum freien Sprechen kann nicht früh genug beginnen. Anders als für einen schriftlichen Test, bei dem Sie kurzfristig Wissen speichern und dann reproduzieren können, müssen Sie für das freie Sprechen verschiedene Fähigkeiten und Fertigkeiten langfristig trainieren:

- die Angst vor Fehlern abbauen (nur wer Fehler macht, kann korrigiert werden = der beste Weg zur Verbesserung),
- keine Scheu haben, sich selbst zu korrigieren und im Sprechverlauf noch einmal neu einzusetzen,
- die Fähigkeit entwickeln, Wörter oder Ausdrücke, die einem gerade nicht einfallen, zu umschreiben,
- Stichwortzettel, Wortgeländer sowie auch visualisiertes Material als Gedächtnisstütze nutzen,
- sich sonstige Vortragstechniken (Anrede, deutliche und angemessen laute Aussprache) aneignen.

Fiche de vocabulaire : prise de contact avec le public

Se présenter	*Bonjour, je m'appelle/je suis …*
Entrer en contact avec le public	*Aujourd'hui, nous allons parler de …/…je voudrais vous expliquer/montrer (comment) …*
Demander s'il y a des problèmes	*Est-ce que tout le monde m'entend bien ?/ … vous me suivez ?/… je dois répéter ? Vous arrivez à lire/voir le schéma/l'image/ la photo sans problèmes ?*
Les questions : ▪ *pendant l'exposé*	*Si vous avez des questions, n'hésitez pas à les poser./Quant aux questions, vous pouvez les poser pendant l'exposé.*
▪ *à la fin*	*Si vous avez des questions, vous aurez l'occasion de les poser à la fin. A la fin de la présentation, nous aurons encore du temps pour répondre à quelques questions.*
Problèmes de compréhension	*Est-ce que j'ai bien compris votre remarque ? Pourriez-vous répéter la question ?*
Problèmes de réponse	*Je suis désolé/e, mais je ne peux pas répondre à cette question. Pour l'instant, je n'ai pas de réponse à cette question.*

Fiche de vocabulaire : stratégies de compensation

On ne trouve pas le mot	*Bon, .../Eh bien, .../Je dirais .../Comment dirais-je ?/Comment vous expliquer ...*
Se corriger en cours de route	*Voilà, je voulais dire .../Je reprends ma phrase : .../En d'autres mots, .../Je l'explique par un exemple, ...*
D'autres problèmes	*Je ne retrouve plus .../Je suis en train de chercher le (bon) document.* *Excusez-moi, le projecteur/...ne fonctionne pas.* *J'aimerais revenir sur ...*

Fiche de travail : faire un exposé

La structure du texte	***Les locutions/les connecteurs pour le dire***
Commencer par :	
a) le titre,	▪ *Le titre/Le sujet de mon/notre exposé est .../Dans mon exposé, je parle de .../Dans mon exposé, il est question de ...*
b) le plan/la structure de votre exposé.	▪ *Dans cet exposé, il y aura ... parties./Cet exposé est composé de ... parties. D'abord, ..., ensuite, ..., en même temps, ..., après, ..., enfin, ... Premièrement – deuxièmement – troisièmement – finalement ...*
Mentionner ensuite brièvement avec quel matériel vous allez travailler.	▪ *Dans notre travail, nous nous sommes basés sur un livre/des magazines/un film de .../un documentaire ..., etc.*
Présenter des informations : *a) présenter les données verbalement,*	▪ *La Bretagne est une région qui se trouve .../Les échanges économiques entre la France et l'Allemagne se situent à ... (Travaillez avec des notes, pas avec un texte entier !)*

La structure du texte	*Les locutions/les connecteurs pour le dire*
b) présenter les données par des cartes géographiques, par des statistiques ou des schémas,	▪ *Vous voyez bien sur la carte que la région est … se situe …/par ces chiffres, vous voyez que …/à partir de ce schéma, il est clair que …/cela signifie que …/voilà une preuve/une raison pour ….*
c) présenter des photos, des brefs extraits de film, des tableaux,	▪ *Sur cette photo, on voit bien que …/dans le film, vous allez comprendre que …/ce tableau est représentatif de …*
d) travailler avec des enregistrements (interviews, chansons, etc.),	▪ *Dans cette interview, vous allez entendre …/la chanson montre bien que …*
e) introduire une nouvelle idée,	▪ *Non seulement …/mais aussi …*
f) remettre un point à plus tard,	▪ *Je reviendrai sur cette question/cet aspect/ce problème plus tard.*
g) mettre un point particulier en relief.	▪ *Je vous signale que …/J'insiste sur le fait que …*
«Résumé»/«Interprétation» des informations	*A travers ces informations vous voyez bien que [le Nord de la France] est une région … (intéressante, pauvre, contradictoire, qu'on ne connaît pas assez …)/ … que les problèmes sont très complexes, mais …*
Conclusion (+ opinion personnelle)	*En somme …/Finalement …/Pour terminer, on peut dire que …/ En conclusion, on peut constater …*
Formules de remerciement	*Merci beaucoup de …/Je vous remercie de votre attention.*

Die Debatte

1 *Est-ce qu'il faut interdire l'usage du portable?*

2 *Habiter en ville ou à la campagne?*

3 *Faut-il interdire le port du voile à l'école?*

Für eine Debatte oder Diskussion bieten sich viele Themen an. Häufige Anknüpfungspunkte können aktuelle, gesellschaftliche Probleme sein. Aber auch literarisch verarbeitete Konflikte könnten Ausgangspunkt für eine Debatte sein:

4 *Meursault, le personnage principal de «L'Etranger», de quoi est-il coupable?*

Leistungsanforderungen

Die sprachlichen Kompetenzen, die Sie für eine Diskussion benötigen, unterscheiden sich nicht wesentlich von denjenigen für einen Vortrag (↗ S. 144–147).

Weiterhin ist es wichtig,

- unvorbereitet auf Themen, Ideen, Meinungen der Diskussionsteilnehmer zu reagieren,
- sich auf seine Vorredner zu beziehen,
- seine Position differenziert zu begründen,
- das richtige Sprachregister (offizielle oder persönliche Diskussion, angemessene Formen der Höflichkeit) zu wählen,
- die Diskussion in Gang zu halten.

Wie kann man sich auf diese Anforderungen vorbereiten?
Auch hier gelten insgesamt die gleichen Hinweise wie für den Vortrag.

Die im Folgenden aufgeführten Punkte können weiterhin speziell für die Debatte/Diskussion eine Hilfe sein:

- Reaktivieren Sie den für das Thema der Debatte/Diskussion notwendigen Wortschatz, z.B. mithilfe eines Assoziogramms.
- Schreiben Sie sich vorher und auch während der Diskussion Stichpunkte für die Argumentation auf, damit Sie Ihre eigene Position überzeugend vertreten können.
- Fertigen Sie sich eine Art Spickzettel mit den notwendigen Redewendungen für eine Debatte an (Einleitung, Bezugnahme auf die Vorredner, Gegensatz zu den Vorrednern usw.). So können Sie diese schrittweise verinnerlichen bis Sie schließlich den „Spickzettel" nicht mehr benötigen.

Das auf der nächsten Seite zusammengestellte Basisvokabular liefert Ihnen die Formulierungen, die Sie benötigen, um sich an einer Diskussion bzw. Debatte beteiligen zu können. Sie finden dort Möglichkeiten aufgelistet, wie Sie Ihre Stellungnahme beginnen und Ihren eigenen Standpunkt formulieren oder Alternativen aufzeigen können, wie Sie am besten Ihre Zustimmung oder Ablehnung ausdrücken, wie Sie nach weiteren Informationen fragen oder Zugeständnisse formulieren können und wie sich Ihre Schlussfolgerungen zusammenfassen lassen.

Fiche de vocabulaire : prendre la parole lors d'un débat/ d'une discussion

Pour commencer :	▪ *Je voudrais dire que …/… commencer par un exemple* ▪ *D'abord quelques remarques sur …* ▪ *Voici mon point de vue/ma position à ce sujet …* ▪ *En ce qui concerne …, je dirais …*
Pour donner une opinion :	▪ *A mon avis, …/D'après moi, …/Quant à moi, je dirais …/je pense …* ▪ *Moi, je pense/je crois/je suis d'avis que …* ▪ *J'ai l'impression que …/Je suis persuadé/e que …*
Pour proposer des alternatives :	▪ *D'une part … d'autre part …* ▪ *D'un côté … de l'autre …* ▪ *Par contre, …/Cependant*
Pour exprimer son accord :	▪ *Je suis tout à fait d'accord avec vous/toi.* ▪ *Vous avez/tu as raison.* ▪ *J'ai voulu dire la même chose que vous/ toi.* ▪ *Bien sûr !*
Pour exprimer son désaccord :	▪ *C'est ton/votre point de vue, mais moi, je …* ▪ *Je ne suis absolument pas d'accord, parce que …* ▪ *Moi, je crois plutôt que …* ▪ *Je ne comprends pas pourquoi …*
Pour demander d'autres informations :	▪ *Je ne sais pas si j'ai bien compris, mais …* ▪ *Qu'est-ce que vous voulez/tu veux dire par là ?* ▪ *Pourriez-vous/Pourrais-tu m'expliquer pourquoi …*
Pour faire des concessions :	▪ *Oui, mais pourtant/cependant/quand même …* ▪ *Il ne faut pas oublier que …*
Pour tirer une conclusion :	▪ *C'est pourquoi je trouve que …* ▪ *Par conséquent, il faut …* ▪ *Pour cette raison, …/C'est la raison pour laquelle je dirais …* ▪ *Donc, …*

5.5 Basisvokabular für verschiedene Textsorten und Medien

Lexique de base pour textes et médias divers

Die Bindewörter

1 *Le train avait une heure de retard. Je suis arrivé à la fin de la représentation.*
Le train avait une heure de retard. ***C'est pourquoi*** *je suis arrivé à la fin de la représentation.*

2 *Je lui ai proposé mon soutien. Il n'a pas réagi.*
Je lui ai proposé mon soutien. ***Cependant****, il n'a pas réagi.*

Bindewörter lassen sich als „Schmiermittel" für eine gelungene Argumentation bezeichnen, denn sie stellen sicher, dass die Leserschaft bzw. das Publikum den **roten Faden** der Argumentation erfasst. Für einen Kommentar, eine Stellungnahme oder auch die Debatte sind Bindewörter unerlässlich.

- Eine Reihe von Bindewörtern bzw. Konjunktionen, haben Sie bereits im Zusammenhang mit den Nebensätzen kennengelernt:
  - quand
  - lorsque
  - comme
  - si

  etc.

Die Tabelle auf der nächsten Seite liefert Ihnen für die grundlegenden Argumentationsstrukturen die entsprechenden Bindewörter:

Fiche de vocabulaire : les mots de liaison

Expliquer	
en effet	*J'avais l'impression d'avoir perdu mon porte-monnaie.* ***En effet****, je ne l'ai pas trouvé dans mon sac.*
c'est-à-dire	*Depuis quinze jours, on est sans nouvelles de lui.* ***C'est-à-dire****, qu'il n'est pas joignable.*
c'est pourquoi	*Il l'a trop offensée.* ***C'est pourquoi*** *elle n'est plus revenue.*
pour cette raison	*Les problèmes sont insurmontables.* ***Pour cette raison,*** *il faut fermer cette institution.*
Expliquer par un exemple	
ainsi	*Il me paraît très doué. Il m'a* ***ainsi*** *remis des textes très originals.*
par exemple	*Il s'agit d'un personnage très sombre.* ***Par exemple****, il ne sourit jamais à ses interlocuteurs.*
Additionner	
de plus	*Il a dû souffrir sous la dictature.* ***De plus****, on l'a poursuivi après la guerre.*
en outre	*Je ne comprends pas son comportement.* ***En outre****, un tel comportement est extrêmement inhumain.*
Atténuer, contredire, exclure	
toutefois, cependant, néanmoins	*Il a fait son possible.* ***Toutefois****, il n'a pas réussi.*
mais	*Je n'arrête pas de t'expliquer la problématique,* ***mais*** *tu ne veux rien savoir.*
or	*Vous avez développé plusieurs propositions.* ***Or****, aucune ne me semble convaincante.*
Opposer	
d'une part … d'autre part	***D'une part****, elle a essayé de l'aider.* ***D'autre part****, elle se trouvait elle-même dans une situation difficile.*
tout d'abord … ensuite	*Je vous adresse* ***tout d'abord*** *une lettre et* ***ensuite*** *mon dossier.*

Conclure	
donc (pas en début de phrase !)	*Il ne vous comprend pas et ne peut* ***donc*** *répondre.*
par conséquent	*Il n'a pas voulu se rendre chez un docteur. La maladie s'est* ***par conséquent*** *aggravée.*
en conséquence	*Je me suis rendue au moins cinq fois dans son bureau.* ***En conséquence****, il m'a défendu tout accès au bâtiment.*
enfin	***Enfin****, nous pourrons vous proposer des tarifs préférentiels.*
pour toutes ces raisons	***Pour toutes ces raisons****, nous vous prions d'abandonner votre projet.*
Faire une transition	
par ailleurs	*Votre équipe a extrêmement bien travaillé.* ***Par ailleurs****, le nouveau chef de département vient de l'étranger.*

Vokabular für eine Bildbeschreibung

1 *Décrivez la caricature et interprétez le message de l'auteur.*

2 *Voici la photo d'une campagne de publicité. Décrivez la photo.*

Die Aufforderung, ein Bild, ein Foto, eine Karikatur, ein Plakat oder eine Momentaufnahme aus einem Film zu beschreiben, ist häufig der zweite oder dritte Arbeitshinweis in einer Klausur. Wie bei einem Text enthält auch ein Bild – gewollt oder ungewollt – bestimmte stilistische Mittel.

Damit vor dem geistigen Auge des Lesers oder Zuhörers ein entsprechendes Bild entstehen kann, muss jedoch zunächst eine möglichst präzise Beschreibung erfolgen:

- Wer oder was befindet sich auf dem Bild?
- Wo genau befindet sich etwas?

Dazu werden eine Reihe von Redewendungen, Präpositionen, Adverbien, präpositionaler Ausdrücken etc. benötigt.

Fiche de vocabulaire : le vocabulaire pour décrire une image

Verbes	*être (devant, derrière …)* *se trouver, se situer, se localiser* *on peut – observer* *– remarquer* *– voir* *– distinguer* *– apercevoir*
Adjectifs	*situé/e* *placé/e* *positionné/e* *localisé/e*

Prépositions/ Adverbes	*à/au/à la/aux* *sur ↔ sous* *dans* *entre* *au milieu (de), au centre (de)* *à gauche (de) ↔ à droite (de)* *à côté (de), près (de)* *au-dessus (de) ↔ au-dessous (de)* *devant ↔ derrière* *en face (de)/vis-à-vis (de)* *en haut (de) ↔ en bas (de)* *à l'avant (de) ↔ à l'arrière (de)/au fond (de)* *au premier plan, au second plan* *à la hauteur (de), le long (de)* *à l'intérieur (de) ↔ à l'extérieur (de)*
Quelques exemples	***Sur** la photo, il y a …* ***Au milieu** du tableau, il y a …* ***En haut de** la caricature, on peut remarquer …* ***Au-dessus du** titre, je peux distinguer …* ***A l'intérieur du** cadre, vous pouvez remarquer …* *L'adversaire du protagoniste se trouve **au fond de** la photo.*

Vokabular für die Interpretation einer *bande dessinée*

Wer kennt sie nicht? Astérix und Obélix sind in der ganzen Welt ein Synonym für die *bandes dessinées* geworden. In Frankreich gehören sie genauso zur Literatur wie der Roman, das Theaterstück oder der Gedichtband.

Zur Beschreibung der *bande dessinée* benötigen Sie ein spezielles Vokabular. Das ist auch deswegen erforderlich, um die Wirkung, die das **Zusammenspiel zwischen Bild und Text** beim Leser bzw. Betrachter erzeugt, zu analysieren und interpretieren.

LERNTIPP Nutzen Sie zur Beschreibung der *bande dessinée* auch das Vokabular für die Beschreibung eines Bildes (↗ *fiche de vocabulaire,* S. 155)!

Fiche de vocabulaire : le vocabulaire de la B. D.

Le terme technique	*L'explication en français*	*La traduction*
l'album	*la B. D. entière*	der Band
la planche	*une page de la B. D.*	die Seite
le cadre *– encadrer*		der Rahmen – einrahmen
le dessin *– dessiner* *– le dessinateur/ la dessinatrice*		die Zeichnung – zeichnen – der/die Zeichner/in
l'illustration (f.) *– illustrer* *– l'illustrateur/ l'illustratrice*		die Illustration – illustrieren – der/die Illustrator/in
la vignette/la case	*le tableau encadré*	das Einzelbild
la bulle	*dans la bulle, il y a les paroles des protagonistes*	die Sprechblase
la légende	*le récit = le texte qui raconte l'histoire*	der Begleittext
la mise en page		die Seitenaufteilung
le découpage des cases/vignettes *– découper*		die Aufteilung der Bildfolge – aufteilen
les caractères *– écrire en caractères gras/petits/italiques*		die Schrift – fett/klein/kursiv schreiben
la couleur *– en noir et blanc* *– en couleur*		die Farbe – schwarz-weiß – farbig

Vokabular für eine Filmanalyse

Le septième art – so bezeichnet man in Frankreich den Film. Ähnlich wie die *bandes dessinées* wird das Kino gleichberechtigt neben dem Theater als Kunstform geschätzt. Dementsprechend wird sich auch mit dem Genre Film auseinandergesetzt. Die französischen Schülerinnen und Schüler lernen spätestens im *lycée*, nach welchen Kriterien ein Film zu analysieren und zu beurteilen ist. Ebenso gehört die Geschichte des französischen Films zur Allgemeinbildung.
Ähnlich wie die Schriftstellergilde sprachliche Mittel benutzt, um eine fiktive Welt zu erschaffen, setzt eine Regisseurin/ein Regisseur verschiedene filmische Mittel ein, um die Zuschauer für zwei Stunden oder länger in eine von ihr/ihm erschaffene Welt zu entführen. Alles, was wir, das Publikum, in dieser Zeit erfahren, verspüren, erleiden, ist Resultat eines komplizierten Prozesses, an dem viele Menschen beteiligt sind (↗ *fiche de vocabulaire*, S. 159).

Das wichtigste Instrument in den Händen des Filmregisseurs ist sicher die Kamera. Mithilfe der verschiedenen **Kameraeinstellungen** und **Kamerapositionen** kann er ganz unterschiedliche Wirkungen beim Zuschauer erzielen. Ist man sich als Zuschauer dieser Techniken bewusst, durchschaut man zwar die Fiktion, zugleich lernt man aber auch die künstlerische Seite des Filmes schätzen (↗ *fiche de vocabulaire*, S. 160–162).

Fiche de vocabulaire : le film

Qui fait le film ?	*Quels sont les moyens ?*
le metteur en scène/ *le réalisateur/la réalisatrice*	*la caméra* *les plans* (Kameraeinstellungen) *les décors* *la musique* *le son* *un film – en noir et blanc* *– en couleurs* *les effets spéciaux* *le montage* (Schnitt)
le/la scénariste	*le scénario*
le photographe	*la lumière*
l'acteur/l'actrice	*l'interprétation d'un rôle/d'un personnage* *– les gestes (m.)* *– la mimique*

Quelques expressions utiles

- *tourner un film*
- *jouer dans un film*
- *filmer – à l'intérieur/à l'extérieur*
  – au ralenti (in Zeitlupe)
- *un retour en arrière* (eine Rückblende)
- *un film en version originale (sous-titrée)*
- *doubler* (synchronisieren)
- *un film muet/parlant* (ein Stumm-/Tonfilm)
- *l'industrie cinématographique*
- *passer à* (gegeben werden, laufen in)
  exemple : Dans quelques mois, ce film passera à Berlin.
- *le cinéma*
- *la salle de cinéma*
- *la séance* (die Vorstellung)
- *un/e cinéphile* (ein/e Filmkenner/in)

Fiche de vocabulaire : la caméra

Les plans et les descriptions	***Les exemples***
Le plan général (die Weitaufnahme) *C'est le plan le plus éloigné du sujet. Il situe le décor dans un ensemble plus vaste. Il saisit une scène en son entier, p. ex. : des plaines vastes.*	
Le plan d'ensemble (die Totale) *Ce plan montre l'intégralité du décor de l'action.*	
Le plan de demi-ensemble (die Halbtotale) *Ce plan saisit les personnages au milieu du décor.*	
Le plan moyen (die Halbnahaufnahme) *Le personnage principal est pris en pied.*	

Les plans et les descriptions	***Les exemples***
Le plan américain (die amerikanische Einstellung) *Le personnage est filmé à partir des genoux.*	
Le plan rapproché (die Nahaufnahme) *Le personnage est filmé à partir de la poitrine. Ce plan saisit un seul personnage avec plus de précision.*	
Le gros plan (die Großaufnahme) *Le personnage est filmé à partir des épaules. Ce plan fait ressortir les traits du visage, le regard, la mimique d'un personnage.*	
Le très gros plan (ganz groß) *Le trés gros plan cadre seulement une partie du personnage. Il saisit un détail et renforce la situation en insistant sur ce détail.*	

Les plans et les descriptions	*Les exemples*
La plongée (die Vogelperspektive) *La caméra est au-dessus du personnage et peut donner une impression d'écrasement.*	
La contre-plongée (die Froschperspektive) *La caméra est au-dessous du sujet et l'agrandit par rapport au spectateur.*	
Le champ-contrechamp (der Schuss-Gegenschuss) *Il montre les deux protagonistes alternativement, ce qui permet d'accroître leurs différences et leurs oppositions.*	
Le travelling (die Kamerafahrt) *La caméra peut aussi se déplacer sur rails ou sur une voiture; ainsi elle peut accompagner le personnage.*	

Vokabular für die Interpretation eines *chanson*

Aux Champs-Elysées	(Joe Dassin)
Ne me quitte pas	(Jacques Brel)
Quelqu'un m'a dit	(Carla Bruni)
Paradisiaque	(MC Solaar)

Die Liste der „klassischen" sowie der aktuellen französischen Chansons ist unüberschaubar lang. Die Musikstile sind inzwischen sehr bunt und von verschiedenen Einflüssen geprägt – genauso wie die französische Gesellschaft selbst. Die Chansons thematisieren das Glück, die Lebensfreude, aber auch die Probleme auf der individuellen sowie gesellschaftlichen Ebene.
Ihre Texte lassen sich wie Gedichte oder auch Prosatexte interpretieren. Das wichtigste Basisvokabular stellt Ihnen die *fiche de vocabulaire* auf der nachfolgenden Seite bereit (↗ *le vocabulaire pour interpréter une texte*, S. 164).

Aber was ist mit der Musik? Welche Rolle spielt sie? Um das beschreiben und herausarbeiten zu können, benötigen Sie ebenfalls ein entsprechendes Vokabular (↗ *le vocabulaire pour interpréter la musique*, S. 165).

Fiche de vocabulaire : le vocabulaire pour interpréter une texte

L'événement/La situation/L'état d'âme vécu/e par le moi lyrique				
le poème *la chanson* *le texte*	*décrit* *raconte* *parle de* *fait allusion à* *se réfère à* *suggère* (nahelegen)	*en peu de mots* *vaguement* *concrètement* *en images*	*une scène* *un événement* *une situation* *un problème* *des sentiments*	*qui …* *que …* *où …*
La signification générale				
le poème *la chanson* *le texte*	*illustre* *exprime* *fait ressortir* *souligne* *traduit*	*l'idée* *la position* *l'attitude* *les pensées* *l'état d'âme*	*du moi lyrique* *de l'auteur*	*sur …*
Les moyens linguistiques que l'auteur a choisis				
l'auteur *le poète* *le chanteur/la chanteuse*	*choisit* *utilise* *emploie* *se sert de* *commence par* *continue par* *finit par*	*un exemple* *une image* *une métaphore* *un symbole* *une scène* *un élément* *une citation* *une allusion*	*qui …* *pour …*	

Fiche de vocabulaire : le vocabulaire pour interpréter la musique

Les « acteurs » de la musique	*le musicien/la musicienne* *p. ex. : le guitariste, l'accordéoniste* *le compositeur* *le chanteur/la chanteuse*
Les instruments de musique	*le piano, l'accordéon, le saxophone, la trompette, la basse, la guitare, la batterie, la percussion, la flûte, le synthétiseur* *– jouer de (la guitare, du piano)* *– faire de la musique*
La voix	*rauque* (heiser, rauh) *mélodieuse* *basse ↔ claire* *sonore ↔ aiguë* *douce*
La tonalité	*le mode majeur* (dur) *↔ le mode mineur* (moll) *le changement de mode* *solennel/le* (getragen, feierlich) *mélancolique ↔ gai/e*
Le rythme	*rapide, vif* *accentué, entraînant* *lent, monotone, doux*

5

Quelques expressions utiles

- *La chanson est interprétée par …/chantée par …*
  est composée de … strophes
  est composée en mode …
  est interprétée sur une tonalité …
- *Il y a des refrains/des répétitions.*

- *Le chanteur/la chanteuse … a sorti un nouvel album.* (herausbringen)
- *Elle fait toujours salle complète.*
- *Il est accompagné par un groupe musical particulier.*
- *Dans sa chanson, elle fait allusion à …* (Anspielungen auf …)

- *La chanson me fait penser à …*
  fait allusion à
  me rend heureux/-euse/triste/mélancolique
  a pour message : …

Vokabular für die Auswertung von Statistiken

1 *L'opposition a gagné des points, mais la majorité se maintient.*

2 *Le taux de votes s'élève à 76 %.*

Im Rahmen von politischen bzw. wirtschaftlichen Themen wird immer wieder mit Statistiken gearbeitet, um bestimmte Tendenzen zu belegen. Besonders nach Wahlen werden Statistiken vorgelegt.

Um dies in Worte zu fassen, zu analysieren und zu interpretieren, werden die grammatikalischen Elemente des Vergleichs sowie ein spezifisches Vokabular benötigt.

Die folgende Auflistung liefert Ihnen das Grundlagenvokabular mit dem Sie sich schriftlich wie mündlich über Statistiken verständigen können (↗ *le vocabulaire pour parler de statistiques*, S. 167–168).

Fiche de vocabulaire : le vocabulaire pour parler de statistiques

Les catégories lexicales	*Les mots*	*La traduction*
Noms	*la quantité ~ le nombre (de …)* *la totalité = le total* *> l'ensemble > la somme* *la majorité ↔ la minorité* *la partie ~ la part* *la moitié, le demi* *le pourcentage* *> le taux de pourcentage* *le chiffre total*	die Anzahl die Gesamtheit die Summe die Mehrheit ↔ die Minderheit der Teil ~ der Anteil die Hälfte, das Halbe die Prozentangabe > der Prozentsatz die Zahlenangabe

Les catégories lexicales	***Les mots***	***La traduction***
Noms	*le point* *le quart, trois quarts, un tiers, deux tiers, …* *une dizaine/douzaine/ vingtaine …, une centaine* *le gain ↔ la perte* *l'avantage ↔ le désavantage* *le calcul* *la probabilité* *~ l'éventualité* *> la certitude* *l'orientation* *la vitesse ↔ la lenteur* *l'accélération ↔ le ralentissement* *l'augmentation = la montée = la hausse* *la progression ↔ l'arrêt* *la diminution = le recul > la baisse > la chute* *la position* *> en (… ième) position* *la distance > l'écart entre* *le temps, l'époque, la période* *le rythme* *le pronostic* *la conséquence* *l'évolution > la transformation > le changement > le tournant*	der Punkt das Viertel, drei Viertel, ein/zwei Drittel, … ungefähr zehn/ zwölf/zwanzig … ungefähr hundert der Gewinn ↔ der Verlust der Vor- ↔ Nachteil die Rechnung die Möglichkeit ~ die Eventualität > die Gewissheit die Orientierung die Geschwindigkeit ↔ die Langsamkeit die Beschleunigung ↔ die Verlangsamung der Anstieg die Zunahme ↔ der Stillstand die Verminderung > der Absturz die Platzierung > an (…) Stelle die Entfernung, der Unterschied zwischen die Zeit, die Epoche, der Zeitabschnitt der Rhythmus die Vorhersage die Folge die Entwicklung > die Veränderung der Wendepunkt
Verbes	*représenter* *classer = placer = situer = ranger* *s'élever à* *mesurer, calculer ~ évaluer*	darstellen einordnen sich belaufen auf ermessen, berechnen einschätzen, prüfen

5

Les catégories lexicales	***Les mots***	***La traduction***
Verbes	*ajouter ↔ retirer = enlever* *multiplier ↔ diviser* *monter ↔ baisser = descendre* *demeurer = rester, se maintenir* *progresser ↔ reculer,* *pronostiquer = prévoir* *observer, constater, analyser, déduire de, conclure, interpréter*	hinzufügen ↔ abziehen multiplizieren ↔ dividieren ansteigen ↔ fallen bleiben, sich halten zunehmen ↔ abnehmen vorhersagen beobachten, bemerken, analysieren, ableiten, schlussfolgern, interpretieren
Adjectifs	*identique > semblable ↔ différent* *représentatif ~ typique = caractéristique* *évident > prévisible ↔ imprévisible* *proche = voisin* *mensuel, semestriel, annuel* *stable ~ stationnaire*	identisch > ähnlich ↔ unterschiedlich repräsentativ ~ typisch = charakteristisch offensichtlich > vorhersehbar ↔ unvorhersehbar nahe monatlich, semesterweise, jährlich stabil ~ stationär
Adverbes	*approximativement ↔ exactement* *essentiellement ~ particulièrement,* *actuellement* *simultanément = parallèlement*	ungefähr ↔ genau wesentlich ~ besonders aktuell simultan = parallel

5.6 Fehler und wie sie sich vermeiden lassen

Les fautes et comment les éviter

> *„Was kann ich denn tun, um die vielen Fehler in meinen Klausuren etwas zu reduzieren?"*
>
> *„Ich glaube, ich sollte mal eine Nachhilfe in Anspruch nehmen!"*

So oder ähnlich äußern Sie sich, wenn Sie nach einer Klausur oder nach der Notenbekanntgabe feststellen, dass Sie sich unbedingt verbessern wollen.
Abgesehen davon, dass dieses gesamte Büchlein Ihnen bei dieser Zielsetzung helfen soll, gibt es ein paar Fehlerschwerpunkte, die an dieser Stelle noch einmal gesondert behandelt werden sollen.

Lexikalische Interferenzen

Bei der Erlernung einer Fremdsprache greifen wir auf Wissen aus unserer Muttersprache bzw. einer zuvor erlernten Fremdsprache zurück. Das ist ein wichtiger und auch sinnvoller Vorgang. Da die Sprachen jedoch nicht eins zu eins übertragbar sind, kann es hierbei zu falschen logischen Schlüssen kommen. Dies nennt man Interferenzen.

Folgende Fehler sind sehr häufig anzutreffen:

- *écouter ↔ entendre/apprendre*

OBSERVEZ	RETENEZ
J'ai écouté *le journal ce matin, mais ils n'ont pas encore parlé de cet attentat.* *Concentrez-vous et* ***écoutez*** *le discours enregistré.*	***écouter*** hat die Bedeutung von zuhören, das heißt man **konzentriert sich**, um etwas **genau zu registrieren**
J'ai entendu *cette mauvaise nouvelle à la radio.* ***J'ai entendu*** *parler de cet attentat.* *Nous* ***avons entendu parler*** *de ce problème pendant la réunion.*	***entendre*** hat die Bedeutung von **zufällig etw.** hören bzw. **zufällig etwas erfahren** (= *Nous avons* ***appris*** *ce problème pendant la réunion.*)

■ *jouer à ↔ jouer de ↔ faire de*

OBSERVEZ	RETENEZ
*Elle **joue au** volley.* ***Jouons aux** dés.*	*= **jouer à** + un jeu (sport, loisir)*
*Mon frère **joue du** piano.* *J'aime bien **jouer de** l'accordéon.*	*= **jouer de** + instrument de musique*
*Nous **faisons** de la danse.* *Sa passion, c'est **faire de** l'escalade.*	*= **faire de** + toutes les activités*

■ *laisser faire qc ↔ faire faire qc*

OBSERVEZ	RETENEZ
*Durant la dernière heure, je **laisse discuter** les élèves entre eux.* *A la fin, il **a laissé tomber** son projet.*	***laisser** + **infinitif*** beinhaltet, dass man etw. **zu**lässt, es nicht untersagt bzw. keine weitere Energie einsetzt
*Moi, je **fais travailler** les élèves, même durant la dernière heure.* *Il **a fait avancer** le projet par un calendrier très stricte.*	***faire** + **infinitif*** sagt aus, dass man **ver**anlasst hat, dass bestimmte Dinge geschehen

■ *passer*

Von den vielen Ausdrucksmöglichkeiten, die das Verb *passer* bietet, hier eine kleine Auswahl:

OBSERVEZ	RETENEZ
*Il **est passé** devant la mairie.* *Je **suis passée** chez ma mère.*	= vorbeigehen/-fahren
*Nous allons **passer** par le centre-ville.*	= durchqueren/hindurchfahren
*Le feu **est passé** au rouge.*	= von … auf … wechseln
	passer** + **préposition ***passé composé** > **être***

*Nous **avons passé** la frontière au petit matin.* *Nous **avons passé** nos vacances en Egypte.* *Il **a** bien **passé** son examen.* *Le temps **a passé** et il a oublié son nom.*	= überqueren = verbringen = etw. bestehen = vergehen ***passer + objet direct*** ***passé composé > avoir***
*L'histoire **se passe** en Inde.* *Qu'est-ce qui **s'est passé** à ce moment-là?*	*se passer* = sich ereignen, stattfinden ***verbe réfléchi*** ***passé composé > être***

■ *raconter qc/raconter que … ↔ parler de qc*

OBSERVEZ	RETENEZ
*Elle a raconté **l'histoire** de sa vie.* *Elle a raconté **qu'**elle s'est mariée très jeune.*	***raconter*** hat **unmittelbar das direkte Objekt** bei sich oder kann **einen Nebensatz mit *que*** einleiten
*Elle a parlé **de** sa vie.* *Elle a parlé **de** son mariage.*	***parler*** hat immer ***de*** bei sich und kann **keinen Nebensatz** einleiten

■ *il s'agit de …*

OBSERVEZ	RETENEZ
*Dans ce roman, **il s'agit d'**une intrigue criminelle.* *Comme **il s'agit d'**un étranger, on n'a pas voulu l'embaucher.*	***il s'agit de*** ist eine feste Wortverbindung: kein Element kann wegfallen oder durch ein anderes Subjekt ersetzt werden
***Le roman parle d'**une intrigue …*	*nom + parler de* Will man ein **anderes Subjekt** benutzen, muss sich auch das **Verb ändern**.

■ *rendre évident/souligner/expliquer/faire ressortir*

OBSERVEZ	RETENEZ	
*Ce texte **rend évident** qu'il ne partage pas cette opinion.* *~, il **a souligné/expliqué** son opinion.* *~, il **a fait ressortir** son opinion sur les centrales nucléaires.*	*rendre évident* *souligner/ expliquer* *faire ressortir*	klarmachen

ATTENTION Auch in einem deutschen Text ist das Verb **klarmachen** wenig aussagekräftig; die wortwörtliche Übersetzung ins Französische ist jedoch gar nicht verständlich!

■ *souhaiter ↔ désirer*

OBSERVEZ	RETENEZ	
*Nous vous **souhaitons** une bonne année.* *Je te **souhaite que** tes vœux s'accomplissent.*	*= souhaiter qc* *= souhaiter que + subj.*	**einem anderen etw. wünschen**
*Monsieur le Directeur **désire** vous voir.* *Je **désire que** vous observiez la réglementation.*	*= désirer faire qc* *= désirer que … + subj.*	**von einem etw. verlangen**

■ *soutenir ↔ supporter*

OBSERVEZ	RETENEZ
*Elle **a soutenu** son mari pendant toute la campagne électorale.* *Je **soutiens** votre projet.*	**unterstützen**
*Vous **soutenez** donc **que** ce parti n'est pas légal.*	***= être d'avis que*** (der Meinung sein)
*J'**ai supporté** des douleurs pénibles.* *Je ne **supporte** pas **qu**'il me touche.*	**ertragen**

ATTENTION Interferenz zwischen: unterstützen = to support (engl.)
= soutenir (franz.)

la taille ↔ la grandeur ↔ la hauteur

OBSERVEZ	RETENEZ
*Quelle est votre **taille**, madame?* *Un homme de **taille** moyenne.* *Quelle est la **taille** de cette pierre?*	*la taille* = die (Körper-)Größe
*La **grandeur** de notre pays nous interdit de réagir autrement.*	*la grandeur* = die „innere" Größe
*La **hauteur** de la tour Eiffel m'a surpris.*	*la hauteur* = die Größe > die Höhe

ATTENTION Man muss sich darüber im Klaren werden, von welcher „Größe" die Rede ist!

les gens ↔ les hommes ↔ les êtres humains

OBSERVEZ	RETENEZ
*Tu sais très bien que **les gens** parlent derrière ton dos.*	Menschen = Leute
*Le comportement **des hommes** (= **des êtres humains**) est différent de celui des animaux.* ***Chaque homme** (= **chacun**) a un point vulnérable.*	Menschen jeder Mensch } = menschliche Lebewesen
***Les hommes** pensent que les femmes ne sont pas capables de se défendre.*	Männer ↔ Frauen

Les faux amis

die Ampel	*le feu rouge*	*l'ampoule*	die Glühbirne
das Arbeitszimmer	*le bureau*	*le bureau*	der Schreibtisch
die Aufführung	*le spectacle*	*le tintouin*	das Spektakel
der Aufsatz	*la dissertation*	*la thèse de doctorat*	die Dissertation

die Band	*le groupe de musique, l'orchestre*	*la bande de jeunes*	Jugendgruppe
die Beförde-rung	*la promotion*	*le doctorat*	die Promotion
bekommen	*recevoir, obtenir*	*avoir peur*	Angst bekom-men
(sich) blamieren	*ridiculiser*	*blâmer*	tadeln
blank	*brillant/e, pur/e*	*blanc/-che*	weiß
die Bluse	*le chemisier*	*la blouse*	der Kittel
der Cham-pignon	*le champignon de Paris*	*le champignon*	der Pilz
der Chicoree	*l'endive (f.)*	*la chicorée*	die Endivie
demonstrieren	*manifester*	*la manifesta-tion démontrer*	die Demonstra-tion aufzeigen
dezent	*discret/-ète*	*décent/e*	anständig
die Diät	*le régime*	*le régime*	das Regime
der Dirigent	*le chef d'orchestre*	*le dirigeant*	die Führungs-kraft, der/die Manager/in
exklusiv	*raffiné/e*	*exclusif/-ve*	ausschließlich
die Figur	*la silhouette*	*la figure*	das Gesicht
der Film (für die Kamera)	*la pellicule*	*le film*	Kinofilm
die Frau	*la femme*	*la femme, l'épouse*	die Ehefrau
das Glas	*le verre*	*la glace*	das Eis
groß	*grand/e*	*gros/se*	dick, schwer
das Gymna-sium	*le lycée*	*le gymnase*	die Turnhalle

ignorieren	*ne pas prendre en considération*	*ignorer*	nicht kennen, nicht wissen
die Jacke	*la veste*	*le gilet*	die Weste
die Jalousie	*la jalousie*	*la jalousie*	die Eifersucht
der Junge	*le garçon*	*le jeune*	der Jugendliche
die Kamera	*l'appareil-photo*	*la caméra*	die Filmkamera
das Klavier	*le piano*	*le clavier*	die Tastatur
der Koffer	*la valise*	*le coffre*	der Kofferraum
komisch	*curieux/-euse, étrange*	*comique*	lustig
der Konkurs	*la faillite*	*le concours*	der Wettbewerb
das Kostüm	*le tailleur*	*le costume*	der (Herren-) Anzug
der Krimi	*le film ou le roman policier*	*le crime*	das Verbrechen
das Kuvert	*l'enveloppe (f.)*	*le couvert*	das Besteck
leger	*décontracté/e*	*léger/ère*	leicht
der/die Lehrer/in	*le/la professeur*	*le/la professeur d'université*	der/die Professorin
das Lokal	*le restaurant*	*le local*	der Raum
das Malheur	*le petit accident*	*le malheur*	das Unglück
der Mann	*l'homme*	*le mari*	der Ehemann
morgen (Adv.)	*demain*	*le matin*	am Morgen
nett	*gentil/le*	*net/te*	sauber
ordinär	*vulgaire*	*ordinaire*	gewöhnlich
penibel	*rigoureux/-euse*	*pénible*	schwierig

5

die Pille	*la pilule*	*la pile* *la pile de livres* *la batterie*	die Batterie der Bücher-stapel das Schlagzeug
die Politesse	*la contractuelle de la police*	*la politesse*	die Höflichkeit
die Post	*le courrier*	*la poste*	das Postamt
die Praline	*le bonbon au chocolat*	*la praline*	die gebrannte Mandel
das Programm	*la chaîne de télévision*	*le programme*	das Programm, der Plan
das Quartier	*le logement*	*le quartier*	das Stadtviertel
die Rakete	*la fusée*	*la raquette*	der Tennis-schläger
die Regel	*la règle*	*la règle*	das Lineal
das Rendez-vous	*le rendez-vous galant*	*le rendez-vous*	der Termin/die Verabredung
salopp	*léger/ère*	*la salope*	die Hure
die Serviette	*la serviette de table*	*la serviette*	das Hand-/Badetuch
sortieren	*classer, trier*	*sortir*	hinausgehen
das Tier, das Vieh	*la bête*	*le monstre*	die Bestie
die Tasche	*le sac, le porte-documents*	*la tache*	der Fleck
die Tour	*l'excursion (f.)*	*la tour*	der Turm
der Tresor	*le coffre-fort*	*le trésor*	der Schatz
treu	*fidèle*	*joyeux/-euse*	fidel
die Waage	*la balance*	*l'équilibre (m.)*	die Balance, das Gleichgewicht
die Welt	*le monde*	*la lune*	der Mond
das Zimmer	*la pièce*	*la chambre*	das Schlaf-zimmer
der Zirkel	*le compas*	*la boussole*	der Kompass

Grammatische Probleme

In diesem Kapitel kann es nicht darum gehen, die verschiedenen bereits dargestellten Schwierigkeiten noch einmal zu wiederholen. Es soll vielmehr den „hartnäckigsten" Fehlern der Kampf angesagt werden.

■ Die Konjugation bestimmter Verben auf *-er*

OBSERVEZ	DECOUVREZ	RETENEZ
préférer genauso: *espérer, considérer, posséder*	*nous préférons* *vous préférez* *le repas préféré* aber: *je préfère* *tu préfères …*	→ Wechsel des Wortstammes = andere Orthografie
manger genauso: *nager, ranger*	*nous mangeons*	→ wegen der Aussprache wird ein ‚e' vor dem *-ons* eingefügt
avancer genauso: *commencer, menacer, effacer*	*nous avançons*	→ wegen der Aussprache wird vor dem ‚o' ein ‚ç' gesetzt

■ Infinitivkonstruktionen werden *ohne* und *mit* Präposition gebildet

OBSERVEZ	DECOUVREZ	RETENEZ
aimer faire qc, détester faire qc, préférer faire qc, oser (wagen) *faire qc*	*Je déteste manger chez Mac Donald's.*	→ *sans préposition*
commencer à faire qc, arriver à faire qc, continuer à faire qc	*Enfin, il arrive à trouver le chemin.*	→ *avec «à»*
arrêter de faire qc, décider de faire qc, essayer de faire qc	*Il a essayé de l'appeler.*	→ *avec «de»*

Adjektiv oder Adverb?

OBSERVEZ	DECOUVREZ	RETENEZ
ein regelmäßiger Zug ⇨ *un train **régulier*** ein schneller Bus ⇨ *un bus **rapide***	ein Substantiv + Erläuterung	→ **Adjektiv**
regelmäßig Fernsehen ⇨ *regarder la télé **régulièrement*** die Arbeiten schnell fertigstellen ⇨ *terminer les travaux **rapidement***	eine Aktivität + Erläuterung	→ **Adverb**

des oder *de*?

«*des*» kann sein	
ein unbestimmter Artikel	*Il y avait* ***des*** *Américains, des Portugais,* ***des*** *Chinois, bref toutes les nationalités.*
ein unbestimmter Teilungsartikel	*On achète* ***des*** *tomates,* ***des*** *œufs …*
eine Genetivkonstruktion (der Genetiv bezeichnet etw. Bestimmtes)	*la maison* ***des*** *Sorel, la vie* ***des*** *personnes âgées …*
eine Präposition nach bestimmten Verben/Adjektiven im Zusammenhang mit dem Plural	*Je m'occupe* ***des*** *travaux difficiles.* *Elle est contente* ***des*** *résultats du bac.*
bei *à cause* im Zusammenhang mit dem Plural	*A cause* ***des*** *tempêtes hivernales, on ne peut pas prendre le bateau.*

«*de*» kann sein	
Mengenangabe	*un paquet* ***de*** *riz, un kilo* ***de*** *tomates, trop* ***de*** *fautes, beaucoup* ***d'****amis, pas* ***de*** *chance (> Nullmenge)*
ein zusammengesetzter Begriff	*une voiture* ***de*** *dépannage* (Abschleppwagen), *une sortie* ***de*** *secours* (Notausgang), *un problème* ***d'****âge* (Altersproblem)

Possessivbegleiter

Für den Possessivbegleiter *ihr/ihre* gibt es sechs verschiedene Möglichkeiten. Bei diesem Grammatikkapitel muss man sich also das Prinzip merken:

Vor Gebrauch gut überlegen!

	Kleid	1	*sa robe*	= ein Besitzer/ein Gegenstand
ihr	Schreibtisch	2	*son bureau*	= ein Besitzer/ein Gegenstand
Ihr	Mantel	3	*votre manteau*	= ein Besitzer/ein Gegenstand (Höfl.)
Ihre	Mäntel	4	*vos manteaux*	= mehrere Besitzer/mehrere Gegenstände (Höfl.)
ihre	Eltern	5	*ses parents*	= ein Besitzer/mehrere Gegenstände
	Kinder	6	*leurs enfants*	= mehrere Besitzer/mehrere Gegenstände

5

que oder *comme*?

OBSERVEZ	DECOUVREZ	RETENEZ
*Il est **plus** grand **que** Georges.* *Elle travaille **aussi** vite **que** son collègue.*	Vergleich mit einer Bezugsgröße	*plus* *moins* *aussi/autant* → *que*
*New York est **comme** Paris.* *Il a lutté **comme** un lion.*	Vergleich ohne Bezugsgröße	→ *comme*

■ *d'autres* oder *des autres*?

d'autres	
hat die Rolle eines unbestimmten Artikels	***D'autres*** *personnes sont venues …* *On peut prendre* ***d'autres*** *oranges si tu veux.*
des autres	
stellt den Genetiv dar *(der anderen)*	*C'est la vie* ***des autres****.* *Il faut découvrir les traditions* ***des autres*** *pays.*

Korrekturschablone

Ganz am Ende einer Leistungskontrolle steht die Korrektur. Wie lässt sich am besten daraus lernen und was ist am effektivsten? Die Abschrift der ganzen Arbeit? Wahrscheinlich nicht. Häufig wird das nur mechanisch durchgeführt, ohne dass man sich der unterschiedlichen Fehlerschwerpunkte bewusst wird.

LERNTIPP Wenn Sie wirklich aus Ihren Fehlern lernen wollen, sollten Sie sich eine Schablone (↗ S. 181) anlegen, und aus Ihrer Klausur Seite für Seite die verschiedenen Fehlertypen in diese Schablone übertragen. Anschließend nehmen Sie sich den Pocket Teacher Französisch oder den Pocket Teacher Abi Französisch zur Hand und schlagen die Fehler in den einzelnen Kapiteln nach. Im Anschluss fertigen Sie für jeden Fehlertyp einen korrigierten Satz mit einem **Hinweis über die Regel** an.

Fiche de travail: Korrekturschablone *(grille de correction)*

1 Notieren Sie in den verschiedenen „Fehlerrubriken", wie viele Fehler Sie jeweils auf der entsprechenden Seite gemacht haben.

2 Benutzen Sie Ihre Kurzgrammatik und tragen Sie in der Schablone die korrigierte Version in Kurzform ein (z. B. falsch: *j'ai rentré* > richtig: *je suis rentré/e*).

3 Korrigieren Sie ausgehend davon auf jeder Seite einen Satz, in dem sich besonders viele Fehler zusammenballen.

grammaire	*conjonctions*	*passé composé = avoir/être*	*article*	*accord*	*objet pronom*	*adjectif/adverbe*	*temps*	*préposition*	*vocabulaire*	*ordre*	*expression*	*construction*
Page 1												
Page 2												
Page 3												
Page 4												
Page 5												

L'histoire de la littérature française

Die Tabelle gibt eine Übersicht über die wichtigsten Epochen der französischen Literaturgeschichte und ihre literarischen

LES EPOQUES	
Le moyen âge *du IXe au XVe siècle*	■ *Les premiers textes littéraires* ■ *La poésie lyrique*
La Renaissance *– le XVIe siècle*	■ *L'âge de Rabelais* ■ *Une nouvelle esthétique*
Le siècle classique *– le XVIIe siècle*	■ *La philosophie cartésienne* ■ *L'essor du roman* ■ *L'âge d'or du théâtre* ■ *La poésie*
Le siècle des lumières *– le XVIIIe siècle*	■ *Les grands philosophes* ■ *Le théâtre «pédagogique»* ■ *La littérature et les mœurs*
Le monde moderne *– le XIXe siècle*	■ *Le siècle du roman*
	■ *La poésie: vers le surnaturel*
L'Entre-Deux-Siècles	■ *La Belle Epoque*
Le siècle des deux «Grandes Guerres» *– le XXe siècle*	■ *Le surréalisme* ■ *Le roman cycle* ■ *La littérature de l'Entre-Deux-Guerres* ■ *La littérature d'Après-Guerre* *– Le «nouveau théâtre»* *– Le «nouveau roman»* ■ *La littérature «maghrébine» d'expression française*
L'époque contemporaine	■ *Les auteurs à succès*

Strömungen. Diese Einteilung ist nicht verbindlich, andere Epocheneinteilungen sind ebenfalls möglich.

LES AUTEURS / LES TITRES
▸ *Les serments de Strasbourg, La chanson de Roland,* *Marie de France, Chrétien de Troyes* ▸ *François Villon*
▸ *Clément Marot, François Rabelais, Marguerite de Navarre* ▸ *Pierre de Ronsard, Joachim Du Bellay*
▸ *René Descartes, Blaise Pascal* ▸ *Charles Sorel, Paul Scarron, Cyrano de Bergerac, Madame de La Fayette, Madeleine de Scudéry* ▸ *Pierre Corneille, Molière, Jean Racine* ▸ *Jean de La Fontaine*
▸ *Montesquieu, Voltaire, Denis Diderot, Jean-Jacques Rousseau* ▸ *Pierre Carlet de Marivaux* ▸ *Choderlos de Laclos*
▸ *Stendhal, Honoré de Balzac, Victor Hugo, George Sand, Gustave Flaubert, Emile Zola*
▸ *Charles Baudelaire, Arthur Rimbaud, Paul Verlaine*
▸ *André Gide, Marcel Proust*
▸ *André Breton, Louis Aragon, Paul Eluard* ▸ *Marcel Pagnol, Colette* ▸ *Jean Giroudoux, Louis-Ferdinand Céline, François Mauriac* ▸ *Jean-Paul Sartre, Simone de Beauvoir, Albert Camus* ▸ *Eugène Ionesco, Samuel Beckett* ▸ *Nathalie Sarraute, Marguerite Duras, Alain Robbe-Grillet, Michel Butor* ▸ *Assia Djebar, Tahar Ben Jelloun, Azouz Begag*
▸ *Yasmina Reza, Michel Houellebecq, Anna Gavalda …*

Stichwortverzeichnis

Besser in …
… der Oberstufe

Die Lernhilfen für ein erfolgreiches Abitur

- Alle wichtigen, lehrplanrelevanten Inhalte eines Schuljahrs
- Jede Menge Übungen und Tests
- Mit Lösungsteil zur Selbstkontrolle

Die Reihe „Besser in“ gibt es für folgende Fächer:

Deutsch

- Texte verfassen
  ISBN 978-3-411-86282-5
- Literarische Texte interpretieren
  ISBN 978-3-411-86280-1

Mathematik

- Differentialrechnung
  ISBN 978-3-411-86283-2
- Integralrechnung
  ISBN 978-3-411-86284-9

Englisch

- Grundlagen der Textarbeit
  ISBN 978-3-411-86278-8
- Profitraining Textarbeit
  ISBN 978-3-411-86279-5
- Profitraining Grammatik
  ISBN 978-3-411-86277-1

Französisch

- Grammatik
  ISBN 978-3-411-86281-8

Besser in Lern- und Arbeitstechniken

- Präsentationen und Referate
  ISBN 978-3-411-86285-6
